Matthias Mala
Kinderfeste aus aller Welt

—

Matthias Mala,
geboren 1950 in München, absolvierte eine kaufmännische Ausbildung
zum Handelsfachwirt. Seit 1977 ist er freiberuflich tätig, zunächst als Kunstmaler
und Stoffdesigner, seit einigen Jahren jedoch überwiegend als Schriftsteller.
Matthias Mala hat schon mehrere Kinderbücher veröffentlicht,
unter anderem im Arena Verlag
»Komm und spiel mit uns – Das Unicef-Buch der Kinderspiele«.

Hildegard Müller
wurde 1957 in Bell/Hunsrück geboren. Sie studierte Grafik-Design
an der Fachhochschule Darmstadt und Kunsterziehung an der Universität Mainz.
Seit 1985 ist sie als freiberufliche Illustratorin und Grafikerin
für Kinderbuchverlage und Kinderzeitschriften tätig.
Für den Arena Verlag hat sie bereits »Die schönsten Kinderlieder aus aller Welt«
von Klaus W. Hoffmann illustriert.

Matthias Mala

Kinderfeste aus aller Welt

Mit Bildern von
Hildegard Müller

Arena

Die Deutsche Bibliothek – CIP-Einheitsaufnahme

Kinderfeste aus aller Welt / Matthias Mala.
Mit Bildern von Hildegard Müller.
- 1. Aufl. - Würzburg: Arena, 1996
ISBN 3-401-04585-7
NE: Mala, Matthias; Müller, Hildegard

1. Auflage 1996
© 1996 by Arena Verlag GmbH, Würzburg
Einband und Innenillustrationen: Hildegard Müller
Gesamtherstellung: Westermann Druck Zwickau GmbH
ISBN 3-401-04585-7

·INHALT·

Feste feiern,
wie sie fallen

Als ich den Spruch »Man soll die Feste feiern, wie sie fallen« zum ersten Mal hörte, fragte ich meine Mutter, was damit gemeint sei. »Ganz einfach«, antwortete sie mir, »Weihnachten fällt auf Weihnachten, und darum feiert man es auch zu Weihnachten. Oder willst du Weihnachten zum Maitanz feiern?« Das wollte ich natürlich nicht. Aber, so fragte ich mich, warum fällt Weihnachten gerade auf Weihnachten?

Nun, die meisten Feste, die wir gemeinsam mit vielen anderen Menschen feiern, sind schon über tausend Jahre alt. Sie entstanden zu einer Zeit, als die Menschen noch ganz besonders vom Lauf der Jahreszeiten abhingen. Im Winter fürchteten sie sich vor der Dunkelheit, im Frühjahr freuten sie sich über die wärmer werdende Sonne, und im Herbst waren sie glücklich über eine reiche Ernte. Und so kam es, daß man bis heute rund um die Welt im Winter besinnliche Lichterfeste, im Frühjahr ausgelassene Fruchtbarkeitsfeste und im Herbst vergnügliche Erntefeste feiert.

Wenn also der Anlaß zum Feiern auch oft der gleiche ist, so sind die Feste von Land zu Land und von Volk zu Volk ganz verschieden. Dabei werden die meisten Feste von der ganzen Familie gemeinsam gefeiert. Doch bei manchen Festen feiern die Kinder ein bißchen mehr als die Erwachsenen, oder die Kinder feiern getrennt von den Erwachsenen ihr eigenes Kinderfest. Und wie sie hierbei ihre Feste feiern, wie sie fallen, kannst du auf unserer kleinen Weltreise in diesem Buch nachlesen.

Deutschland

Sankt Martin

Der heilige Martin war ein sehr frommer Mann. Schon als Kind besuchte er die Bibelschule und bemühte sich, ein gottgefälliges Leben zu führen. Doch sein Vater wollte aus ihm einen guten Soldaten machen. Darum schickte er ihn in die Armee des römischen Kaisers. Martin war dies zwar gar nicht recht, aber er gehorchte seinem Vater. Auch als Soldat versuchte er weiter, Gutes zu tun.

An einem kalten Winterabend ritt er nach Hause. Da sah er am Wegrand einen zerlumpten Bettler, der schrecklich fror. Martin tat dieser Arme sehr leid. Und er überlegte, wie er ihm helfen konnte. Da fiel ihm sein Soldatenumhang ein. Er war so groß, daß er auch für zwei reichte. Kurzerhand zog Martin sein Schwert und schnitt damit seinen Mantel in zwei Teile. Die eine Hälfte schenkte er dem Bettler, in die andere hüllte er sich selbst und ritt davon.

Doch als Martin eingeschlafen war, hatte er einen besonderen Traum. In diesem Traum erschien ihm Jesus Christus. Jesus aber war genau in jenen Teil des Mantels gekleidet, den Martin dem armen Bettler geschenkt hatte. Daraufhin verließ Martin die Armee und wurde Mönch. Später wurde er Bischof. Er tat weiterhin nur Gutes und vollbrachte viele Wunder.

Sankt Martin wird am 11. November gefeiert. Für die Kinder aber ist der Martinstag ein Tag, an dem sie Licht in die Dunkelheit bringen. An vielen Orten machen die Kinder abends einen Laternenzug mit selbstgebastelten Laternen, bei dem viele Lieder gesungen werden.

Sankt-Martins-Lied

1. Sankt Mar-tin, Sankt Mar-tin, Sankt Mar-tin ritt durch Schnee und Wind, sein Roß, das trug ihn fort ge-schwind, Sankt Mar - tin ritt mit leich-tem Mut, sein Man - tel deckt ihn warm und gut.

2. Im Schnee saß, im Schnee saß,
im Schnee, da saß ein armer Mann,
hatt' Kleider nicht, hatt' Lumpen an.
»O helft mir doch in meiner Not,
sonst ist der bittre Frost mein Tod!«

3. Sankt Martin, Sankt Martin,
Sankt Martin zog die Zügel an,
das Roß stand still beim armen Mann.
Sankt Martin mit dem Schwerte teilt'
den warmen Mantel unverweilt.

4. Sankt Martin, Sankt Martin,
Sankt Martin gab den halben still,
der Bettler rasch ihm danken will.
Sankt Martin aber ritt in Eil'
hinweg mit seinem Mantelteil.

Eine Laterne basteln

Eigentlich paßt jede Laterne für den Martinszug, Hauptsache, sie ist selbst gebastelt. Hier ist ein Vorschlag, wie du dir eine kunterbunte Kugellaterne basteln kannst.

Dazu brauchst du:

weißes und buntes Seidenpapier

Tapetenkleister

etwas Draht

1 Stock

1 Luftballon

1 Teelicht

doppelseitiges Klebeband

Zunächst rührst du den Kleister nach der Anweisung für starke Tapeten an. Danach bläst du den Luftballon auf. Aber nicht zu prall. Hierauf streichst du den Luftballon mit Kleister ein und beklebst ihn rundum mit Stücken aus weißem Seidenpapier. Die Papierfetzen sollten sich an den Rändern überlappen.

Sobald der Kleister angetrocknet ist, beklebst du den Ballon mit einer weiteren Lage weißem Seidenpapier. Das wiederholst du noch zweimal.

Danach kannst du das farbige Seidenpapier aufkleben. Auch hier reißt du kleinere Stücke ab. Ist der Kleister angetrocknet, klebst du noch dreimal weitere bunte Papierlagen auf. Dabei kannst du gleiche Farben übereinanderlegen oder auch verschiedene Farben miteinander mischen.

Den Ballon solltest du nun gut zwei Tage liegen lassen, damit das Papier auch durch und durch trocknet. Dann schneidest du das obere Drittel der Ballonhülle ab. Dabei platzt der Ballon. Jetzt mußt du nur noch den Rand mit einem Pappstreifen verstärken.

Danach bringst du den Haltedraht an und machst deine Laterne am Stock fest. Noch ein Teelicht mit dem Klebeband in die Kugel gesetzt, und deine Laterne ist fertig!

Wenn du willst, kannst du auch kleine Löcher in deine Laterne schneiden, dann strahlt sie noch heller. Doch nicht zu viele Löcher und nicht zu tief schneiden, sonst bläst der Wind deine Kerze aus.

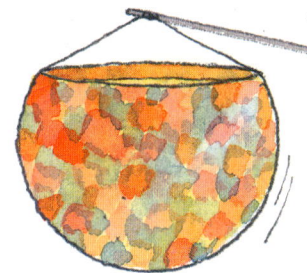

11

Österreich

Die Sternsinger

Johannes stapft durch den hohen Schnee hinüber zu Mareiles Haus. Mareile sieht ihn schon kommen. Sie sitzt mit Peter und Sebastian in der Stube. Zusammen wollen sie an ihren Kostümen für die Sternsinger basteln.

Morgen ist Heilige Drei Könige, der 6. Januar. Dann wollen die vier Freunde als die drei Weisen aus dem Morgenland mit ihrem Stern von Haus zu Haus ziehen. Schon Wochen vorher haben sie ausgelost, wer welchen König spielen soll und wer als Sternträger geht.

Peter ist nun der Sternträger. Er bastelt daher an einem großen Stern aus goldfarbener Metallfolie, den er den anderen an einem Besenstiel vorantragen wird. Es soll der Stern von Bethlehem sein, er bekommt auch einen richtigen Schweif. Mareile spielt den Kaspar und Sebastian den Balthasar, während Johannes als Melchior geht. Das ist der schwarze König. Die drei achten vor allem darauf, daß sie schöne Kronen und goldene Ketten haben, damit sie auch wie richtige Könige aussehen.

Als Johannes am Dreikönigstag aufwacht, hört er seinen Vater schon durchs Haus gehen. Schnell schlüpft er aus dem Bett und läuft die Treppe hinunter. Johannes' Vater geht nämlich mit einem Räuchergefäß voll Weihrauch von einem Zimmer ins andere. Johannes schließt sich ihm an. Nachdem jeder Raum ausgeräuchert ist, geht der Vater zur Haustür und wischt mit einem feuchten Tuch die alte Kreideschrift vom Türrahmen. Dann schreibt er mit einem Stück Kreide »K+M+B« an die Tür, umrahmt von der Zahl des neuen Jahres. Das ist die Abkürzung für Kaspar, Melchior und Balthasar. Danach gibt es Frühstück. Johannes' Mutter hat extra für diesen Tag Sterne aus Semmelteig gebacken. Und sie sind so lecker, daß Johannes gleich fünf Stück verdrückt.

Am Nachmittag treffen sich die vier Freunde wieder und kostümieren sich. Johannes reibt sein ganzes Gesicht mit schwarzer Schminke ein. Mit seiner Krone auf dem Kopf und dem blauen Mantel sieht er wirklich aus wie ein König aus dem Morgenland, während Mareile eher wie eine Prinzessin wirkt.

Schließlich ziehen sie los. Voran schreitet Peter mit dem Stern und einem kleinen Säckchen über der Schulter. An jedem Haus halten sie. Peter klingelt, und sobald die Tür geöffnet wird, ruft er: »Wir sind die Heiligen Drei Könige mit dem Stern, wir bringen Glück und singen gern!« Dann singen sie aus vollen Kehlen das Sternsingerlied und bekommen Plätzchen, vor allem Weihnachtssterne, zugesteckt. Die Plätzchen sammelt Peter in seinem Beutel. An vielen Haustüren wird ihnen auch Geld gegeben. Das Geld wandert in die Sammelbüchse, die Sebastian trägt. Das geben sie später in der Pfarrei ab. Der Pfarrer schickt es dann an das Missionswerk der Kirche. Mit diesem Geld wird den Kindern in der dritten Welt geholfen.

Als es dunkel wird, sitzen die vier mit roten Backen wieder bei Mareile in der Stube. Vor ihnen liegt ein Riesenberg an Plätzchen. Nach und nach teilen sie diesen Berg unter sich auf, und am Ende geht jeder mit zwei Weihnachtstellern voll Plätzchen nach Hause.

Die Heiligen Drei Könige

Das Fest der Heiligen Drei Könige war einst so bedeutend, daß im Mittelalter das neue Jahr erst am 6. Januar begann. Die Bibel erzählt, daß es die Heiligen Drei Könige waren, die als erste das gerade geborene Jesuskind als den kommenden Heiland erkannten. Eigentlich waren sie keine Könige, sondern weise und sternenkundige Priester aus Babylon. Dort beobachteten sie den Sternenhimmel, um zu erkunden, was ihnen die Götter zu sagen hatten. Eines Tages bemerkten sie, wie sich zwei helle Sterne immer näher kamen. Heute wissen wir, daß dies die Planeten Jupiter und Saturn waren. Aus diesem Himmelszeichen lasen sie, daß in Palästina ein himmlischer König zur Welt kommen würde.

Also beschlossen die drei Weisen aus dem Morgenland, nach Palästina zu reisen, um diesen König zu sehen. Sie folgten dem Weg, den ihnen die Sterne am Himmel wiesen. Nach langer Reise kamen sie im Winter in Bethlehem an. Und der Stern, der ihnen den ganzen Weg vorangegangen war, blieb stehen und strahlte noch heller als zuvor. Da wußten die drei Weisen, daß sie ihr Ziel erreicht hatten. Sie fragten nach einem neugeborenen Kind und wurden zu der Unterkunft von Maria und Josef geschickt. Dort fanden sie das Jesuskind; und als sie es sahen, wußten sie, daß dies der Heiland sein würde. Sie fielen auf die Knie und breiteten ihre Geschenke – Gold, Weihrauch und wertvolle Öle – vor ihm aus. Und die Leute, die dem Zug der Heiligen Drei Könige neugierig gefolgt waren, glaubten, die Engel im Himmel singen zu hören. Sie knieten gleichfalls nieder und beteten und sangen mit den Engeln gemeinsam frohe Lieder.

15

Das Sternsingerlied

1. Wir kom-men da - her ohn al - len Spott, ein
schön gu - ten A - bend geb euch Gott, ein
schön gu - ten A - bend geb euch Gott!

2. Wir kommen daher, von Gott gesandt,
mit diesem Stern aus Morgenland.

3. Wir zogen daher in schneller Eil,
in dreißig Tagen vierhundert Meil.

4. Wir zogen zusammen den Berg hinaus,
wir sah'n, der Stern stand über dem Haus.

5. Wir fanden das Kind, war nackt und bloß,
Maria nahm's auf ihren Schoß.

6. Wir taten unsre Schätze auf
und schenkten dem Kind Gold, Weihrauch.

7. Gold, Weiherauch und Myrrhen fein,
das Kind soll unser König sein.

Dreikönigssterne basteln

So wie Peter kannst du dir auch einen Stern aus Metallfolie basteln.

Dazu brauchst du:

Messing oder Kupferfolie
Transparentpapier
Bleistift
Pappe
Stricknadel oder dicken Nagel
Goldfaden
Schere
Besenstiel

Auf Transparentpapier zeichnest du dir einen Stern. Vielleicht malst du dir den hier abgebildeten Stern ab.
Diesen Stern kopierst du auf die Metallfolie. Dazu legst du die Metallfolie auf die Pappe und ziehst den Stern mit Kugelschreiber nach. So drückt sich dein Stern in die Folie, und du kannst ihn ausschneiden.

Den Stern kannst du jetzt mit Mustern verzieren. Laß ihn hierzu auf der Pappe liegen, und drücke die Muster mit der Stricknadel so tief ein, daß sie auf der Vorderseite deines Sternes deutlich sichtbar werden. Als Muster kannst du Linien, Punkte und Kreise in die Folie drücken. Oder auch kleine Monde, Sterne, Sonnen, Weihnachtsbäume oder was du sonst noch schön findest.
Nun kannst du deinen Stern mit einem Nagel an einem Besenstiel befestigen, und schon ist dein Dreikönigsstern fertig.

Luxemburg

Die Echternacher Springprozession

Obwohl heute Pfingstmontag ist und Viktoria Ferien hat, geht sie nach dem Frühstück durch strömenden Regen zur Schule. Dort trifft sie sich mit ihren Klassenkameraden in der Turnhalle, denn sie üben alle zusammen für den morgen stattfindenden Umzug. Der Musiklehrer sitzt am Klavier und spielt eine alte Marschpolka, und die Turnlehrerin zählt den Takt. Darauf springen alle Kinder in Viererreihen durch die Halle. In jeder Reihe halten sie sich dabei an Taschentüchern fest. Viktoria springt mit ihren Freundinnen zusammen in einer Reihe. Gemeinsam üben sie eine knappe Stunde, bis die Turnlehrerin mit allen zufrieden ist. Abschließend erklärt sie noch einmal, daß die Mädchen morgen in dunkelblauen Röcken und hellblauen Blusen und die Jungen in dunkelblauen Hosen und hellblauen Hemden zur Prozession kommen sollen.

Am anderen Morgen, dem Pfingstdienstag, lacht die Sonne vom Himmel. Viktoria spaziert mit ihren Eltern zur Sauerbrücke. Unterwegs treffen sie viele Bekannte und Freunde, die alle den gleichen Weg haben, denn sie wollen alle bei der Prozession mitmachen. An der Sauerbrücke angekommen, begrüßt sie der Stadtpfarrer mit den Ministranten. Immer mehr Leute kommen hinzu, und bald stehen tausend und mehr Menschen zusammen. Die Kirchenglocken läuten, und der Zug stellt sich auf. Viktoria steht mit ihren Freundinnen in der dritten Reihe, ganz nahe bei dem Spielmannszug. Ihr Vater hat sich weiter hinten zu den Männern gesellt, während ihre Mutter sich in die Gruppe der Frauen eingegliedert hat.

Als alle in Viererreihen stehen und sich an den Zipfeln ihrer Taschentücher festhalten, beginnt die Kapelle zu spielen. Langsam setzt sich die Prozession in Bewegung. Vorneweg ziehen der Stadtpfarrer und die anderen Geistlichen der Stadt. Dahinter folgen die Musikanten und gleich danach der Zug der Kinder und Jugendlichen, dann kommen die Männer und schließlich die Frauen. Und alle zusammen springen nach der Musik von einem Bein aufs andere in leichten Schlangenbewegungen

von einer Straßenseite zur anderen. So ziehen sie durch die Stadt, hinauf zur Basilika des heiligen Willibrord. An den Straßenrändern stehen die Zuschauer dicht gedrängt. Sie sind zum Teil von sehr weit her gekommen, um die Prozession zu sehen. Die Kapelle spielt unentwegt das gleiche Lied. Und sobald die Melodie wieder einmal zu Ende ist, rufen alle gemeinsam: »Heiliger Willibrord!« Und die Zuschauer fühlen sich bei der altertümlichen Musik und den langsam springenden Tänzern in uralte Zeiten zurückversetzt.

Schließlich erreicht Viktoria mit ihren Freundinnen am Kopf des Zuges den Kirchplatz. Jetzt ziehen sie, angeführt von den Musikanten, hüpfend durch das weit geöffnete Portal in die Kirche, springen um den Altar herum und hinab zur Krypta. Dort umrunden sie das Grabmal des Heiligen Willibrord und ziehen wieder nach oben.

Im Seitenflügel der Basilika löst sich der Zug auf. Dort wartet Viktoria auf ihre Eltern. Doch sie muß noch eine ganze Weile warten, bis die restliche Prozession durch Kirche und Krypta gezogen ist und sich ihre Eltern nacheinander bei ihr einfinden.

Nun geht es in ein nahe gelegenes Wirtshaus. Viktoria tun vom vielen Springen die Füße weh. Im großen Festsaal sind für die Teilnehmer der Prozession lange Tische gedeckt. Und während eine deftige Mahlzeit serviert wird, zieht Viktoria unterm Tisch erleichtert ihre Schuhe aus. Sie hat zwar müde Beine, doch ist sie ganz stolz auf sich, weil sie so lange gesprungen ist.

Wie die Echternacher Springprozession entstand

Die Echternacher Springprozession ist eigentlich ein Bittgang für die Kranken zum Grab des heiligen Willibrord. Der heilige Willibrord war ein Missionar aus England, der in der Zeit von 658 bis 739 lebte. Er soll Wunder vollbracht und Anfallskranke geheilt haben. Bald nach seinem Tod brach in der Umgebung von Echternach eine Tierkrankheit aus, bei der die Kühe sich zu Tode springen mußten. Also machten die Leute eine Prozession zum Grab Willibrords. Dabei sprangen sie ebenso wie das Vieh, weil sie meinten, daß dann der Heilige die Krankheit leichter von den Kühen nehmen konnte. Und wirklich, die Rinder wurden wieder gesund.

Rund 600 Jahre später, im Jahre 1374, erkrankten viele Leute der Gegend am Veitstanz. Der Veitstanz ist eine Schüttelkrankheit, bei der man ganz heftig und unablässig zuckt. In ihrem Leid und in ihrer Not erinnerten sich die Leute, daß der heilige Willibrord bereits einmal geholfen hatte. Also machten sie sich erneut zu einer Springprozession auf, worauf die Kranken wieder gesundeten. Fortan wiederholten die Menschen in und um Echternach alljährlich diesen Umzug. Und das behielten sie bis heute so bei.

Nur die Schritte sind leichter geworden, denn heute springt man nur vorwärts. Aber noch vor wenigen Jahrzehnten sprang man drei Schritte voran und zwei Schritte zurück. So kam man natürlich nur sehr langsam von der Stelle. Deshalb sagt man auch über eine Sache, die nicht recht vorankommt: »Das geht ja zu wie bei der Echternacher Springprozession.«

Schweiz

Feuillu und Maibär

Nathalie lebt mit ihrer älteren Schwester Annie bei ihren Eltern in Lausanne am Genfer See. In den Ferien aber wohnt sie bei ihrer Oma in Onex, einem Dorf am Rande von Genf. Gerade verbringt sie dort ihre Osterferien.

Am Ostersonntag hat Nathalie ihr Osternest in Omas Garten unter einem Holzstoß gefunden. Es war voll mit roten Eiern, und ein fetter Schokoladenhahn saß mittendrin. Auf dem Dorfplatz wurde nach der Kirche Eierpicken gespielt. Das war sehr lustig und auch sehr spannend. In zwei Wochen darf Nathalie ihre Oma noch mal am Wochenende besuchen. Dann ist der erste Sonntag im Mai, und da gibt es das Kinderfest Feuillu. Feuillu ist ein altes Wort und bedeutet soviel wie Maispaß oder Mainarr.

Am Freitag abend vor dem Feuillu fährt Nathalie bereits zu ihrer Oma nach Onex. Denn sie will am anderen Tag früh aufstehen und bei den Vorbereitungen zum Fest mithelfen. Die wichtigste Aufgabe ist dabei, den Dorfbrunnen von Schlamm und Moos zu befreien und mit Blumengirlanden zu schmücken. Mit ihrer Freundin Simone pflückt Nathalie einen ganzen Korb voll Blumen.

Nachdem der Brunnen geschmückt ist, helfen alle Kinder zusammen, aus belaubten Birkenzweigen einen mannshohen Kegel zu binden, der innen hohl ist. Dieser Kegel heißt Maibär und bleibt über Nacht am Brunnen stehen. Die übrigen Blumen aber tragen die Kinder nach Hause und stellen sie in Vasen.

Am Sonntag morgen bleibt Nathalie keine Zeit zum Frühstücken. Gleich nach dem Anziehen flicht sie sich aus den Wiesenblumen einen Kranz. Danach eilt sie zum Brunnen, um sich dort mit den anderen Kindern zu treffen. Jedes von ihnen hat einen dicken Blumenkranz dabei. Wenn alle da sind, setzen sie sich die Kränze auf den Kopf und ziehen von Haus zu Haus.

An jeder Haustür klingeln sie und warten davor im Halbkreis, bis geöffnet wird. Dann rufen alle zusammen: »Wir wollen den Mai einsingen!« und singen gemeinsam ein Mailied. Wenn das Lied vorbei ist, erhalten sie zur Belohnung gekochte Eier und etwas Kuchen. Und da die wenigsten von ihnen gefrühstückt haben, essen sie die Gaben gleich auf ihrem Weg zum nächsten Haus. Hin und wieder bekommen sie auch ein paar Geldstücke. Dieses Geld wird gesammelt und kommt später in die Klassenkasse für die Klassenreise.

Die Kinder ziehen so lange singend von Haus zu Haus, bis die Kirchenglocken sie zum Gottesdienst rufen. Nach dem Gottesdienst ziehen alle noch einmal singend in einer Prozession durchs Dorf. Ihren Zug führt der Maibär an, der zu den Liedern tanzt.

Der Zug endet am Festplatz, wo allmählich alle Dorfbewohner eintreffen. Bei belegten Broten und Limonade singen, spielen und tanzen alle bis in den Abend. Schließlich wird Nathalie von ihren Eltern abgeholt. Vom Laufen, Singen und Tanzen ist sie so müde, daß sie auf der Heimfahrt nach Lausanne ganz schnell im Auto einschläft.

Der Ursprung des Feuillu

Das Feuillu ist ein Frühlingsfest. Und Frühlingsfeste mit Laubmännchen werden in vielen Orten in der Schweiz gefeiert. Dabei sind die Bräuche von Ort zu Ort etwas verschieden. Mal wird der Maibär am Ende des Zuges in den Fluß gestürzt, mal ist er auf einem Wagen wie eine Hütte aufgebaut, in der zwei Kinder als Maikönigin und Maikönig sitzen. Auch ist es nicht immer der erste Maisonntag, an dem gefeiert wird. Manchmal wird das Fest am letzten Apriltag oder zum ersten Mai oder zu Pfingsten ausgerichtet.

In jedem Fall gibt es solche Frühlingsfeste seit Menschengedenken. Mit ihnen zeigten unsere Vorfahren dem Winter, daß seine Macht endgültig gebrochen ist. Gleichzeitig wurde die warme Jahreszeit fröhlich begrüßt. Die Sonne und mit ihr alle guten Feen und Erdgeister sollten sich bei den Menschen wohl fühlen. Nur dann, so glaubte man bis in unsere Tage, würde die nächste Ernte reich ausfallen.

Der Mai ist gekommen

1. Der Mai ist ge - kom - men, die Bäu - me schla - gen aus,
da blei - be, wer Lust hat, mit Sor - gen zu Haus.

Wie die Wol - ken dort wan - dern am himm - li - schen

Zelt, so steht auch mir der Sinn in die wei - te, wei - te Welt.

Einen Maikranz flechten

Du benötigst:

4 Streifen Kreppapier in verschiedenen
Farben

Klebstoff

Schere

Blumen

Schneide aus dem Kreppapier 2 Meter
lange und handbreite Streifen. Falte jeden Streifen dann in der Mitte, und klebe
ihn an seinen Enden zusammen. Dadurch wird dein Kranz fülliger.
Lege die vier Streifen nebeneinander. Da
du zum Flechten beide Hände brauchst,
muß entweder jemand die Streifen an den
Enden halten, oder du hältst sie mit einem
Klebstreifen am Tisch fest.

Kreppapier

2 Meter

Kleber

Kleber

Nun kannst du beginnen, den Kranz zu flechten. Du fängst mit dem Streifen ganz links an. Und zwar ziehst du ihn längs über den nächsten Streifen, dann unter den folgenden hindurch und über den letzten hinweg. Danach läßt du ihn an der rechten Seite herabhängen. Dann nimmst du den nächsten Streifen und flichtst ihn wieder genauso »drüber, drunter, drüber« von links nach rechts.

So flichtst du weiter, bis der Zopf so lang ist, daß er um deinen Kopf paßt. Hierauf klebst du ihn zu einem Kranz zusammen. Die überständigen Bänder schneidest du der Länge nach in schmale Streifen. So erhältst du eine buschige Troddel.

Jetzt ist dein Maikranz eigentlich schon fertig. Wenn du willst, kannst du ihn noch mit Blumen schmücken, indem du sie mit ihrem Stiel in den Kranz windest.

Großbritannien

Bonfire-Day

Charles wohnt in Finchley, einem Vorort von London. Und Charles ist brummig, weil das Wetter mal wieder genauso trist ist, wie es in jedem Kriminalroman über London steht: kalt, trübe und regnerisch!

»Hallo, Charles!« ruft Sandy unten im Hof, und wieder: »Chaaarles!!«

Eigentlich hat Charles keine Lust, bei diesem Regen draußen zu spielen. Aber Sandy ruft so ausdauernd nach ihm, daß er sich schließlich doch den Anorak anzieht und in den Hof hinausläuft.

»Hallo, Sandy!«

»Da bist du ja endlich, du Faulpelz! Wir warten schon alle auf dich«, empfängt ihn Sandy ungeduldig und fragt gleich hinterher: »Wo hast du denn die alten Stiefel?«

»Ach du grüne Neune, der Guy Fawkes! Euch habe ich total verschwitzt.« Und mit diesen Worten dreht Charles sich auf dem Absatz herum und läuft zurück ins Haus. »Warte«, ruft er im Davoneilen, »ich hole schnell noch die Stiefel. Außerdem muß ich meine Mama noch um Erlaubnis fragen!«

Kurz darauf kommt er mit einem Paar alter Gummistiefel wieder raus, und die beiden laufen los.

Im Schuppen in Sandys Hof sitzen die anderen Kinder schon beisammen. Vor ihnen liegt ein Berg aus Stroh und Ästen. Daraus binden sie gemeinsam eine mannsgroße Puppe. Diese Puppe heißt Guy Fawkes. Sie hat große Ähnlichkeit mit einer Vogelscheuche, nur ist sie viel beweglicher.

Bis in den Abend hinein basteln sie an der Puppe. Dann ist es endlich soweit: Guy Fawkes wird angezogen. Jedes der Kinder hat ein Stück zum Anziehen mitgebracht und streift es jetzt der Puppe über. Es sind abgelegte, altmodische und zum Teil löcherige Kleidungsstücke ihrer Väter und Opas. Sandy hat der Puppe das Gesicht genäht und stülpt ihr zuletzt die Maske über den Strohkopf. Schließlich bekommt die Puppe noch einen alten Hut auf, und fertig ist der Guy Fawkes.

Dann werfen sie die Puppe lachend in die Luft und rufen dazu:

»Remember, remember
the fifth of November,
gunpowder, treason and plot.
There is no reason,
why gunpowder treason
should ever be forgot.«

Am nächsten Tag treffen sich die Freunde gleich nach der Schule im Schuppen, um den Guy Fawkes abzuholen. Bis zum Abend laufen sie dann mit ihm auf der Schulter durch die Straßen von Finchley und bitten die Leute mit dem Ruf: »Einen Penny für diesen Kerl!« um eine Gabe. Dabei sind sie nicht die einzigen, die so durch die Gegend ziehen. Mehr als ein Dutzend Kindergruppen tragen einen Guy Fawkes herum. Von dem gesammelten Geld aber kaufen sie sich Böller und Knallfrösche für den nächsten Tag, den Bonfire-Day.

Am Nachmittag des 5. November sammeln alle Kinder Holz für ein großes Feuer. Den Feuerstoß errichten sie im Hof vor dem Schuppen. Obendrauf wird die Figur des Guy Fawkes gesetzt. Und nun müssen sie nur noch warten, bis es dunkel wird.

Als es zu dämmern beginnt, trägt Sandy ein paar Stühle aus dem Schuppen. Sandys Eltern kommen in den Hof. Sandys Vater trägt eine Schüssel mit Kartoffeln und Eßkastanien, und ihre Mutter hat ein Blech mit frischen Ingwer-Keksen dabei. Allmählich kommen auch die Mütter und Väter der anderen Kinder zum Feuerplatz. Manche haben Limonade dabei, andere bringen selbstgemachte Karamelbonbons mit, und wieder andere haben den Arm voll Feuerwerk.

Sandys Vater steckt den Scheiterhaufen mit ein paar Lumpen an. Und nach wenigen Minuten brennt ein großes Feuer. Als die Flammen nach oben schlagen und auch an der Puppe züngeln, tanzen alle um den Scheiterhaufen und klatschen begeistert in die Hände. Und sobald der Guy Fawkes Feuer fängt, wird das Feuerwerk gezündet. Raketen steigen in den Himmel und zerstäuben in farbenprächtigem Funkenregen. Danach zünden die Kinder ihre Kracher. Und da die Feuer alle zu unterschiedlichen Zeiten angesteckt wurden, sieht man über lange Zeit mal hier und mal dort ein Feuerwerk aufsteigen. Und die Böller hört man noch bis spät in die Nacht krachen.

In dem niedergebrannten Feuer werden dann Eßkastanien und Kartoffeln geröstet und an langen Stöcken Würstchen gegrillt. Und wer davon genug hat, kaut Kekse und Bonbons und trinkt dazu gewürzten Tee oder Limonade.

An diesem Abend gehen Sandy und ihre Freunde sehr spät schlafen. Und Charles ist so müde, daß er ungewaschen ins Bett fällt. Am nächsten Morgen wird er sich deshalb ganz schön wundern, woher der ganze Ruß auf seinem Kopfkissen kommt.

Warum am Bonfire-Day gefeiert wird

Anlaß für den Bonfire-Day war eine Verschwörung, die im Jahre 1605 stattfand. Damals wollte eine Gruppe von Verrätern den englischen König Jakob I. mitsamt seiner Regierung in die Luft sprengen. Dazu schafften sie eine Menge Schießpulver in den Keller des Parlaments. Guy Fawkes war einer der Verschwörer: Er sollte das Pulver zünden. Doch die Leute des Königs kamen hinter den Plan. Und so wurde Guy Fawkes am 5. November zwischen den Pulverkisten im Keller dabei erwischt, wie er Vorbereitungen traf, das Parlament in die Luft zu jagen. Er mußte dies mit seinem Leben büßen.

Seitdem werden jedes Jahr am Tag des geplanten Verbrechens Strohpuppen verbrannt. Das Feuerwerk, das dabei in die Luft geschossen wird, soll an die verhinderte Explosion des Parlaments erinnern und ist ebenso gewaltig wie unser Silvesterfeuerwerk. In gewisser Weise ersetzt es auch das Feuerwerk zum Jahresende, denn in England ist es nicht Sitte, das neue Jahr mit Böllern und Raketen zu begrüßen.

Spiele zum Bonfire-Day

Manche Kinder tragen die Puppe des Guy Fawkes in einer Decke herum. Bekommen sie dann eine Spende, werfen sie die Puppe mit Hilfe der Decke hoch in die Luft. Das Puppenwerfen ist ein uraltes Kinderspiel. Du mußt dir dazu mit deinen Freunden nur eine kindsgroße Puppe basteln. Mit einer festen Decke könnt ihr die Puppe dann wie mit einem Sprungtuch schleudern. Wenn ihr geschickt seid, könnt ihr dabei allerlei Tricks zeigen.

32

Und so schneiderst du dir eine Guy Fawkes Puppe:

Du brauchst dazu:

1 Stofftasche
1 altes Hemd
1 alte Hose
1 Paar alte Handschuhe
1 Paar alte Socken
Lumpen oder Stroh als Füllmaterial

Aus der Stofftasche nähst du den Kopf. Dazu mußt du nur die Ecken nach innen einnähen.
Den Kopf vernähst du darauf mit dem Hemdkragen.
Die alten Handschuhe (am besten sind Fausthandschuhe) nähst du links und rechts passend an die Ärmel. Nähe dabei auch die Manschettenleiste zu. Die Knopfleiste des Hemdes läßt du aber noch offen!
Nähe nun das Hemd an den Hosenbund und die Socken an die Hosenbeine.

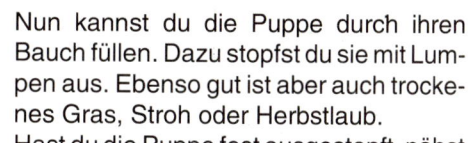

Nun kannst du die Puppe durch ihren Bauch füllen. Dazu stopfst du sie mit Lumpen aus. Ebenso gut ist aber auch trockenes Gras, Stroh oder Herbstlaub.
Hast du die Puppe fest ausgestopft, nähst du das Hemd entlang der Knopfleiste zu. Wenn du willst, kannst du der Puppe noch Haare aus Wollfäden anstecken und ihr ein Gesicht aufmalen.

33

Schweden

Sankta Lucia

An diesem Abend dauert es ein wenig länger, bis Britta schließlich das Licht löscht. Immer wieder schaut sie auf den Wecker, ob er auch richtig eingestellt ist. Denn sie muß morgen unbedingt eine halbe Stunde früher aufstehen als sonst. Schließlich ist morgen der 13. Dezember, das Luciafest. Kaum hat sie das Licht ausgemacht, geht sie in Gedanken noch einmal alles durch, was sie sich für den nächsten Tag bereitgelegt hat: das weiße Kleid, die rote Kordel, Krone, Kerzen, weiße Strümpfe. Weiße Strümpfe? Britta überlegt. Hat sie die weißen Strümpfe rausgelegt? Sie knipst das Licht an, steht auf und sieht nach. Die Kleider liegen ordentlich über dem Stuhl. Ja, die Strümpfe sind mit dabei. Aber irgend etwas fehlt: die Schuhe! Sie hat die weißen Schuhe vergessen. Tatsächlich, sie fehlen. Aus ihrem Schrank kramt sie die Schuhe hervor. Dann geht sie noch einmal alles durch. Jetzt fehlt nichts mehr für den morgigen Tag. Noch ein Blick auf den Wecker, dann macht sie das Licht aus. Endlich kann Britta zufrieden einschlafen.

Am anderen Morgen, noch ehe der Wecker läuten kann, wacht Britta auf. Draußen ist es noch stockdunkel. Schnell wäscht sie sich und schlüpft in die bereitgelegten Kleider. Bis auf die rote Kordel, mit der sie das Kleid zusammengerafft hat, ist sie ganz in Weiß gekleidet. Mit der Krone und den Kerzen in der Hand geht sie in die Küche. Dort kocht sie Kaffee, während alle anderen im Haus noch schlafen.

Nachdem der Kaffee durchgelaufen ist, bereitet sie zwei Frühstückstabletts vor, eins für ihre Eltern und eins für ihren Bruder Peer. Kaffeetassen, Kännchen und einen Teller mit Lussekatter. Lussekatter sind Safranplätzchen aus Hefeteig. Sie sehen aus wie zwei über Kreuz gelegte Achten. Und aus jeder der vier Schleifen lugt eine Rosine so groß wie ein Katzenauge heraus. Danach muß Britta ihre Krone aufsetzen. Diese ist aus immergrünen Mistelzweigen geflochten und mit sieben Kerzenhaltern bestückt. Britta steckt die Kerzen hinein und zündet

sie an. Vorsichtig setzt sie sich die Krone auf. Dann nimmt sie das Tablett für ihre Eltern und verläßt die Küche.

Leise öffnet sie die Schlafzimmertür ihrer Eltern. Nur der Kerzenschein um ihren Kopf erhellt den Raum. Sie stellt sich vor dem Bett auf und beginnt zu singen. »Sankta Lucia!« Schon nach wenigen Noten räkeln sich ihre Eltern und richten sich auf. Mit großen Augen staunen sie Britta an. Britta singt alle drei Strophen des Liedes. Und erst bei der dritten Strophe sind ihre Eltern so weit wach, daß sie mitsingen können.

Britta stellt das Tablett ab. »Du bist die schönste Lucienbraut, die wir je gesehen haben«, stellen Vater und Mutter übereinstimmend fest. Dann bekommt sie von beiden einen Morgenkuß; aber ganz vorsichtig, damit ihre Krone nicht wackelt.

Britta geht zurück in die Küche und holt das Tablett für ihren Bruder. Und obwohl sie ganz leise in sein Zimmer schleicht, ist Peer schon wach. Und so singen sie gemeinsam »Sankta Lucia«.

Während die restliche Familie nacheinander ins Badezimmer geht, deckt Britta den Frühstückstisch. Danach zündet sie die Kerzenleuchter auf dem Tisch an und legt eine Schallplatte mit Weihnachtsmusik auf. Dann frühstücken sie alle gemeinsam bei Kerzenschein; denn draußen ist es immer noch dunkel.

Am Nachmittag, als es schon wieder dunkel wird, findet ein Lichterzug durch die Straßen statt. Britta zieht mit ihren Klassenkameradinnen mit. Sie haben alle weiße Kleider an und tragen Lichterkronen.

An diesem Abend schläft Britta früh ein, denn sie ist vom vielen Laufen todmüde. Sie hat einen wunderschönen Traum. Sie ist ein richtiger Engel und kann fliegen, wohin sie will. So schwebt sie über das schneebedeckte Land, das in ihrem Schein glitzert und leuchtet, als wäre es mit Brillanten übersät. Und vielleicht besucht sie heute nacht auch noch die Eiskönigin in ihrem Palast.

Der alte Weihnachtstag

Das Luciafest ist ein Lichterfest. An diesem Tag erinnern sich die Menschen in Schweden vieler Bräuche, die bei unseren Vorfahren vor mehreren tausend Jahren um Weihnachten herum üblich waren. Der Luciatag war einmal der kürzeste Tag im Jahr. Und das ist noch gar nicht so lange her.

Bis vor 400 Jahren galt bei uns der römische Kalender. Doch dieser Kalender hatte ein paar kleine Fehler. So kam es, daß er im Lauf der Zeit immer weniger mit dem Sonnenlauf übereinstimmte. Papst Gregor ordnete daraufhin einen neuen Kalender an. Dieser Kalender gilt heute noch. Wir nennen ihn den gregorianischen Kalender. Und damit sein Kalender von Anfang an mit der Sonne übereinstimmte, erklärte der Papst, daß das Jahr 1582 um elf Tage kürzer sei als sonst. Rechnest du diese elf Tage zum 13. Dezember dazu, kommst du genau auf Weihnachten.

Eine extra Geschichte ist aber, warum der alte Weihnachtstag in Schweden noch immer gefeiert wird. Denn just zu jener Zeit, als Papst Gregor den Kalender änderte, herrschte in Schweden eine große Hungersnot. Und als der alte Weihnachtstag kam, erschien einem Bauern die heilige Lucia. Sie war weiß gekleidet und trug eine Lichterkrone. Sie schenkte dem Bauern einen Korb voller Essen und versprach ihm, die Hungersnot zu beenden. Das geschah auch. Und seitdem feiert man in Schweden eigentlich zweimal Weihnachten: einmal am Luciatag und einmal am 24. Dezember.

Sankta-Lucia-Lied

1. Win - ter - nacht zwingt den Tag und herrscht schwarz und stumm.

Mit ihr weht Schnee und Arg um das Haus her - um.

Da sieh, ein fer-nes Licht! Lausch ihm, was es ver-spricht.

Sank-ta Lu - ci - a, Sank - ta Lu - ci - a.

2. Still, ganz still wird das Land.
   Streng regiert die Nacht.
   Doch sieh, ein zartes Band
   künd't von Licht und Pracht.
   Blick auf, im weißen Kleid
   ein Engel niedersteigt.
   Sankta Lucia, Sankta Lucia.

3. Lucia tritt in dein Haus
   und führt das Zeichen.
   Licht gießt sie für dich aus.
   Die Nacht muß weichen.
   Vorbei geht alle Not,
   du bringst uns Morgenrot.
   Sankta Lucia, Sankta Lucia.

Wahrsagespiele

Von alters her glauben die Menschen, daß man am Luciatag ein wenig in die Zukunft sehen kann. Deshalb werden an diesem Tag auch verschiedene Wahrsagespiele gespielt.

Besonders gern spielen die schwedischen Kinder das Lichterorakel. Dazu setzen sie einen kurzen Docht in eine Walnußhälfte und gießen die Nußschalen voll Wachs. Jedes Kind wählt darauf eine Nußschale und kennzeichnet sie am Rand mit seinem Zeichen. Hierauf werden die Nußschalen vorsichtig in eine große Schüssel mit Wasser gesetzt und die Lichter angezündet.

Die Nußschalen schwimmen darauf hin und her, und die Kinder beobachten sie genau. Denn sie verraten ihnen, wer mit wem im nächsten Jahr besonders eng befreundet sein oder sogar ein Liebespaar wird. Das deuten sie aus den Bewegungen der Schiffchen in der Schüssel, je nachdem, wie die Nußschalen sich näher kommen, zusammenstoßen oder auseinandertreiben.

Italien

Pasqua – Ostern

Es ist Karsamstag abend. Primo und Maria sitzen in ihrem Zimmer am Tisch und schreiben einen Brief an ihre Eltern. Dabei sind die gar nicht verreist, sondern sitzen im Wohnzimmer und lesen. Doch dies wird ein Osterbrief. Einen solchen Osterbrief schreiben viele Kinder um diese Zeit in Italien. Hierin versprechen sie ihren Eltern, brav zu sein, ihnen zu helfen und für sie zu beten. Primo ist mit seinem Brief schon fertig geworden und liest ihn Maria vor. Maria muß kichern, als sie hört, was Primo alles darin verspricht; vor allem darüber, daß er nicht mehr vor dem Supermarkt Fußball spielen will. Dort hat er nämlich gerade vor vier Wochen den Ball in die Schaufensterscheibe geschossen und ist dann weggelaufen. Doch die Leute kannten Primo und kamen am Abend zu seinem Vater. Daraufhin bekam Primo kein Taschengeld mehr, und jetzt hofft er, daß das ab Ostern wieder anders wird.

Am Ostersonntag geht die ganze Familie noch vor dem Frühstück in die Kirche, um die Auferstehung Christi zu feiern. Die Mutter hat eine Colomba zur Osterweihe mitgenommen. Colombas sind Hefekuchen, die in Form einer Taube gebacken sind. Sie sind in Italien das Zeichen dafür, daß bald Ostern kommen wird. Denn schon Wochen zuvor liegen sie, wie bei uns die Osterhasen, in den Fenstern der Bäckereien. Aber auch riesengroße, in bunte Folie gepackte Überraschungseier in den Geschäften zeigen allen, daß bald Ostern ist. Wenn die große Osterkerze in der Kirche angezündet ist, werden die mitgebrachten Kuchen vom Priester geweiht.

Wieder zu Hause, teilen Kinder und Eltern die Colomba und essen sie auf. Erst danach dürfen Primos und Marias Eltern ihren Frühstücksteller anheben und schauen, ob darunter auch Osterbriefe sind. Der Vater liest sie laut vor. Maria und Primo bekommen rote Backen, weil sie in ihren Briefen doch ein bißchen dick aufgetragen haben. Jetzt sind beide ein wenig verlegen. Ihr Vater schmunzelt darüber. Danach verteilt er die Überraschungseier, auch die Eltern schenken sich gegenseitig Überraschungseier in roter Folie. Maria wickelt ihr Ei sofort aus. Vorsichtig bricht sie ein Stück der Schokoladenhülle weg und kippt das Ei aus. Auf den Frühstückstisch kullert eine Menge von verschiedensten Süßigkeiten und kleinem Spielzeug.

Am Nachmittag treffen sich Maria und Primo mit den anderen Kindern im nahe gelegenen Park zum Eierwettwerfen. Maria ist ganz aufgeregt, denn sie will den ersten Preis gewinnen, ein blau glänzendes Überraschungsei. Dieses Ei ist so riesig, daß es ihr bis zur Brust reicht.

In zwei langen Schlangen stehen sich die Kinder paarweise gegenüber. Jedes Paar erhält ein rohes Hühnerei. Auf »Los« muß das Ei geworfen, vom anderen Kind aufgefangen und zurückgeworfen werden. Danach tritt eine Reihe um einen Schritt zurück, und es wird erneut geworfen. Maria bildet mit Primo ein Paar.

Beim dritten Mal kann Primo das Ei nicht fangen. Es fällt auf die Wiese, bleibt aber noch heil. Sie dürfen also weiterwerfen. Am Ende stehen sich nur noch zwei Paare gegenüber; sie sind schon vierzehn Schritte auseinander. Beim fünfzehnten Schritt aber ist der Wettkampf schließlich entschieden. Maria und Primo ziehen strahlend mit ihrem blauen Überraschungsei nach Hause.

Die Prozession der schwebenden Kinder

Zwei Monate darauf findet in Campobasso, wo Maria und Primo wohnen, die Fronleichnamsprozession statt. Campobasso ist eine kleine Stadt in den Bergen am Rande des südlichen Apennin. Der Fronleichnamszug ist in Campobasso ein besonderes Kinderfest. Denn dabei werden auf dreizehn Bühnen, die von kräftigen Männern auf den Schultern durch die Stadt getragen werden, von den Kindern der Stadt Geschichten aus der Bibel und aus dem Leben von Heiligen gezeigt.

Die Art und Weise, in der diese Geschichten dargestellt werden, ist jedoch atemberaubend ungewöhnlich. Hierzu werden die Kinder in Kostüme gesteckt und mit Geschirren an mächtige Holzgestelle gehängt, die mit den Bühnen verschraubt sind. Haushoch hängen dann die Kinder als Engelchen oder Teufelchen, als Heilige, Apostel oder biblische Propheten sowie als Jesus, Maria und Josef verkleidet an den Gestellen und schweben durch die Straßen. Drei bis vier Stunden dauert der Umzug. Drei Musikkapellen ziehen mit. Sie geben den Takt für die Träger vor, damit diese die schweren Bühnen im Gleichschritt halten können. Und bei jedem Schritt wippen die Kinder in ihren Geschirren hoch über der Straße hin und her.

Zu diesem Ereignis ist die ganze Stadt auf den Beinen. Die Leute säumen den Straßenrand, und wenn der Zug kurz anhält, werden den schwebenden Kindern aus den Fenstern und von den Balkonen der angrenzenden Häuser Saft und Kuchen gereicht.

Der Umzug geht schließlich in ein Straßenfest für die ganze Stadt über, das spätabends mit einem prächtigen Feuerwerk sein Ende findet.

Ostereier mal anders bemalen

In Italien basteln die Kinder zu Ostern Colombas, also Ostertauben, aus Ton oder Gips. Sie malen aber auch ausgeblasene Eier an. Hier findest du drei Möglichkeiten, ausgeblasene Eier zu färben, die du vielleicht noch nicht kennst:

Du benötigst:

ausgeblasene weiße Eier
Hölzchen zum Aufstecken
verschiedenfarbige Kerzenreste
buntes Seidenpapier
Kaltfarben
Vaseline
1 alte Zahnbürste
1 Speckschwarte zum Polieren

Bunte Tropfeier erhältst du, wenn du das aufgesteckte Ei mit den Wachstropfen einer farbigen Kerze bekleckerst. Am besten nimmst du drei verschiedenfarbige Kerzenstumpen für ein Ei. Wie wäre es beispielsweise mit roten, blauen und gelben Kerzen?

44

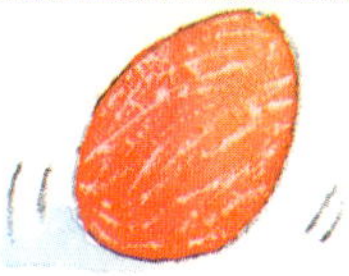

Fleckenei

Für ein *gebürstetes Fleckenei* stippst du eine alte Zahnbürste in Vaseline und streichst damit leicht über die Eierschale. Danach wälzt du das Ei in Kaltfarbe. Überall dort, wo Fettstreifen auf dem Ei sind, bleibt die Schale weiß.

Willst du noch eine weitere Farbe auftragen, läßt du das Ei nach dem Farbbad trocknen. Danach bepinselst du es noch einmal mit Vaseline und rollst es in der zweiten Farbe. Selbstverständlich mußt du in diesem Fall die hellere Farbe vor der dunkleren auftragen!

Ist die Farbe getrocknet, reibst du die Vaseline mit weichem Papier ab. Dabei erhält das Ei gleichzeitig auch einen schönen Glanz.

Tupfenei

Mit kleinen Schnitzeln aus buntem Seidenpapier zauberst du ein zartes *Tupfenei.* Breite die Seidenpapierschnitzel auf einer Zeitung aus. Mit einem feuchten Pinsel nimmst du sie auf und drückst sie der Reihe nach nebeneinander auf das Ei. Dann wartest du, bis die Papierchen getrocknet sind. Die meisten fallen währenddessen von selbst herunter, die anderen ziehst du ab. Das Ei ist nun mit lauter bunten Tupfen bedeckt, die an den Rändern ineinanderlaufen. Zum Schutz und für einen schönen Glanz mußt du die Schale nur noch mit einer Speckschwarte abreiben.

Türkei

Çocuk Bayram, das Kinderfest

Nebahat kann es heute nicht erwarten, daß die Schulglocke läutet. Unruhig rutscht sie auf ihrer Bank hin und her und tuschelt mit ihrer Freundin. Schon einmal hat sie ihr Lehrer ermahnt. Und jetzt sagt er: »Nebahat, was ist bloß mit dir los?«

Nebahat wird puterrot: »Entschuldigung, Herr Lehrer, aber es ist nur, weil heute das Mädchen aus Frankreich ankommt.«

»Na ja, aber du bist doch nicht das einzige Kind in der Klasse, das eine Gastschülerin zum Kinderfest erwartet. Und die anderen verhalten sich doch auch ruhig«, meint ihr Lehrer freundlich.

Endlich ist die Schule aus. Nebahat läuft aufgeregt nach Hause. Dort erwartet sie bereits Michelle, ihre Gastschülerin aus Frankreich.

Michelle kann zwar kein Türkisch, und Nebahat kennt nur wenige französische Worte, trotzdem verstehen sich die beiden Mädchen auf Anhieb.

Am Nachmittag zeigt Nebahat Michelle dann Urla, ihre Heimatstadt. Und am nächsten Tag gehen beide bereits eingehakt zur Schule. Die ganze Klasse bereitet sich auf das kommende Kinderfest vor. Dieses Jahr soll ein kleines Theaterstück aufgeführt werden. Es ist ein lustiges Stück, in dem erzählt wird, wie ein Hühnerdieb und ein Bär ein ganzes Dorf durcheinanderbringen. In der übrigen Zeit basteln alle gemeinsam am Festtagsschmuck für die Schule und den Klassenraum. Aus buntem Papier werden lange Girlanden geklebt und hübsche Lampions gefaltet. Außerdem malt jedes Kind zwei Bilder zum Kinderfest. Eins davon wird in der Schule ausgestellt, und das andere hängt es zu Hause ins Fenster. Auf diese Weise wird auch die Stadt ein wenig zum Kinderfest geschmückt.

Schließlich ist der Tag des Kinderfestes da, und die Sonne strahlt von einem Himmel voller Schäfchenwolken. Der Schulhof ist bereits mit bunten Girlanden geschmückt, als Nebahat und Michelle sich dort mit den anderen Kindern versammeln. Auch viele Eltern und Verwandte, aber auch Leute aus der Stadt sind zur Schule gekommen, um den Aufführungen der Kinder zuzuschauen. Bald darauf wird das Kinderfest mit einem gemeinsamen Lied eröffnet. Danach zeigen die einzelnen Klassen, was sie für das Fest eingeübt haben.

Als erstes zeigt eine Gruppe ein Schattenspiel mit den beliebten Figuren Karagöz und Hacivat. Diese beiden Figuren sind in der Türkei genauso bekannt wie bei uns Kasper und Gretel, und sie sind ebenso lustig. Nebahat lacht während der Aufführung aus vollem Hals. Danach sind andere Gruppen an der Reihe. Sie tanzen und singen, und einzelne Kinder tragen zwischendurch Gedichte vor. Es sind Gedichte von bekannten türkischen Dichtern, aber hin und wieder auch ein paar eigene. Die Zuschauer sind voll und ganz dabei, sie klatschen, lachen und singen mit den Kindern und ermuntern sie zu Zugaben. Nur Nebahat wird allmählich zappelig. Sie hat Lampenfieber, denn gleich muß sie auf die Bühne. Sie soll in dem Stück die Frau des Dorfpolizisten spielen. Und sie spielt diese Rolle wenig später so gut, daß ihr niemand ansieht, wie ihr die Knie vor Aufregung schlottern.

Die Aufführungen ziehen sich über den ganzen Vormittag hin, und die Kinder gehen schließlich fröhlich zum Mittagessen nach Hause.

Nachmittags treffen sich alle Kinder wieder auf dem Schulhof zu einem lustigen Spielfest mit viel Limonade und in Zuckerwasser getränktem Kuchen. Erst als die Sonne untergeht, findet das Kinderfest allmählich sein Ende.

Eine Woche nach dem Fest fährt Nebahat schon wieder nach Izmir zum Flughafen. Dort verabschiedet sie Michelle, ihre Gastschülerin. Michelle kann mittlerweile schon ein bißchen Türkisch, und Nebahat kennt ein paar französische Worte mehr. Die beiden Mädchen haben beschlossen, auch in Zukunft Freundinnen zu bleiben. Deswegen wollen sie sich mindestens einmal im Monat einen Brief schreiben; und Nebahat wird schon heute abend damit beginnen.

Woher das türkische Kinderfest kommt

Bis 1923 herrschte in der Türkei noch ein Sultan. Die Türkei hieß damals noch das Osmanische Reich. Eine Gruppe von Offizieren war aber mit dem Sultan nicht mehr einverstanden. Sie wollte, daß nicht der Sultan, sondern das Volk die Macht im Lande haben sollte. Ihr Anführer hieß Atatürk. Am 23. April 1920 trafen sich die Offiziere und andere wichtige Leute aus dem ganzen Land in Ankara zu einer Nationalversammlung. Auf dieser Versammlung beschlossen sie, den Sultan zu stürzen und die Türkische Republik zu gründen. Es dauerte dann noch dreieinhalb Jahre, bis ihnen dieses Vorhaben endlich gelang. Atatürk wurde der erste Präsident der Türkei.

Atatürk erklärte den Tag, an dem die erste Nationalversammlung stattgefunden hatte, zum nationalen Kindertag. Denn die Kinder, meinte er, sind ein Symbol der Hoffnung. Und darum darf jedes Jahr ein Kind vor der Nationalversammlung eine Rede halten.

Süßigkeiten zu Çocuk Bayram

Die türkische Küche ist weltberühmt. Ganz hervorragend sind die türkischen Süßspeisen und Backwaren. So wurden etwa die meisten Süßigkeiten in unseren Konditoreien ursprünglich nach türkischen Rezepten zubereitet.

Zum Çocuk Bayram gibt es für die Kinder natürlich auch viele Süßigkeiten. Wenn du willst, kannst du dir selbst auch türkische Süßspeisen kochen.

Süßer Kürbis

Zutaten:

| 1 kg Kürbis |
| 2 Tassen Zucker |
| ½ Tasse Walnüsse |

Zunächst schälst du den Kürbis und schneidest ihn danach in fingerlange und fingerdicke Scheiben.

Die Scheiben legst du in einen flachen Topf und streust den Zucker darüber. Decke den Topf zu, und lasse ihn über Nacht stehen.

Am anderen Tag kochst du den Kürbis in seinem eigenen Saft, bis er weich ist.

Den fertigen Kürbis füllst du in Schalen und bestreust ihn mit gehackten Walnüssen. Du kannst den Kürbis warm oder kalt essen.

Helva aus Bursa

Zutaten:

| 1 Tasse Butter |
| 1 Tasse Mehl |
| 3 Tassen Wasser |
| 2 ½ Tassen Zucker |
| Zimt |
| Pistazienkerne |

Zuerst erhitzt du das Wasser und löst darin den Zucker unter Rühren auf. Stell danach den Topf zur Seite.

Nun gibst du einen Löffel von der Butter in die Pfanne und röstest darin die Pistazienkerne an.

Dann fügst du das Mehl hinzu und läßt es unter Rühren leicht braun werden.

Nun gibst du die restliche Butter in die Pfanne und läßt sie schmelzen. Danach gießt du das Zuckerwasser hinzu, verrührst das Ganze und läßt es bei schwacher Hitze zugedeckt köcheln.

Nach 10 Minuten hebst du den Deckel ab und rührst noch einmal kräftig um. Dann schaltest du den Herd aus und läßt den Brei noch 5 Minuten auf der heißen Platte stehen.

Das fertige Helva gibst du in Schalen, bestreust es mit Zimt und verzierst es mit Pistazienkernen. Es wird lauwarm gegessen.

Polen

Andreastag und Namenstag

Geburtstag ist in Polen eigentlich ein ganz normaler Tag, der nicht sonderlich beachtet wird. An seiner Stelle wird jedoch der Namenstag besonders gefeiert. Als Namenstag gilt der Tag, an dem der Heilige, dessen Namen man trägt, in den Kirchen geehrt wird. An diesem Tag erhalten die polnischen Kinder Geschenke und feiern mit ihren Freunden eine Kinderparty.

Andrzej feiert am 30. November, dem Andreastag, seinen Namenstag; denn Andrzej heißt auf deutsch Andreas. Der Andreastag ist zudem ein Tag von besonderer Bedeutung. Viele Menschen glauben, daß man an diesem Tag in die Zukunft sehen kann, weil der Andreastag so etwas Ähnliches wie ein Silvester ist, denn er fällt doch so ziemlich auf das Ende des Kirchenjahres, das immer mit dem ersten Advent beginnt.

Zu seiner Namenstagsfeier hat Andrzej seine besten Freunde eingeladen. Am Nachmittag treffen sie nach und nach bei ihm ein. Sie haben sich alle fein angezogen, und jedes Kind hat ein kleines Geschenk für Andrzej dabei. Bald geht es richtig hoch her in der kleinen Wohnung, in der er mit seinen Eltern und seinen beiden Geschwistern lebt. Andrzejs Freunde haben nämlich ein Bierki-Spiel in seinem Regal entdeckt. Bierki ist ein Wurfspiel, bei dem es vor allem auf Geschicklichkeit ankommt. Und so sitzen alle im Kreis vor den hochgeklappten Wandbetten im Kinderzimmer und spielen um die Wette.

Gegen Abend kommen auch die Eltern von Andrzejs Freunden von ihrer Arbeit hinzu. Sie gratulieren Andrzej zum Namenstag und überreichen seiner Mutter ein kleines Gastgeschenk.

Nach dem Abendessen sagt Andrzejs Vater: »Es ist Zeit zum Wachsgießen, kommt in die Küche, Kinder.« Alle versammeln sich um den Küchentisch. Andrzejs Vater stellt eine breite Schüssel mit Wasser darauf und teilt mit dem Messer eine Kerze in fingerdicke Scheiben. Daraufhin zündet er eine andere Kerze an und holt einen Suppenlöffel aus der Schublade.

Ein Kind nach dem anderen darf nun Wachs gießen. Andrzej darf

selbstverständlich beginnen. Er nimmt eine Wachsscheibe, legt sie auf den Löffel und hält diesen in die Kerzenflamme. Schnell schmilzt das Wachs. Andrzej gießt es in die Schüssel. Dort erstarrt das Wachs. Vorsichtig nimmt er die entstandene Wachsfigur aus dem Wasser, dreht sie zwischen den Fingern und schaut sich von jeder Seite an, was ihm die Zukunft bringen soll. Alle haben dabei die Köpfe zusammengesteckt und beginnen auch schon zu deuten, was sie in der Wachsfigur sehen. Andrzej sieht ein Schwert in einem Ball stecken und schließt daraus, daß er diesmal mit seinem Fußballverein die Jugendmeisterschaft erringen wird. Andere wieder meinen, daß die Figur eher wie ein Kopf mit langer Nase aussieht und Andrzej das nächste Jahr noch neugieriger sein wird, als er ohnehin schon ist. Und in dieser Weise wird jede neu entstandene Wachsfigur beäugt und unter viel Gelächter darüber beratschlagt, was sie wohl bedeuten könnte.

Es ist schon sehr spät geworden, bis sich der letzte Freund verabschiedet hat. Jetzt liegt Andrzej in seinem Bett und horcht gespannt in die Dunkelheit. Zuvor hat er nämlich bei den Erwachsenen gehört, daß einem in der Andreasnacht das Schicksal auch etwas zuflüstern könnte. Und so hört er, wie es in der Wohnung knackt und kratzt. Hin und wieder glaubt er auch, ein Flüstern und Wispern zu hören. Angestrengt lauscht er ihm nach und schläft darüber ein. In seinem Traum aber ist er auf dem Fußballplatz und schießt ein Tor nach dem anderen. Und so ist er sich am anderen Morgen sicher, daß er diesmal doch Fußballmeister werden wird, denn was man in der Andreasnacht träumt, soll sich schließlich erfüllen.

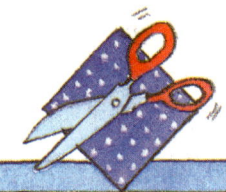

Ein Bierki-Spiel basteln

Ein Bierki-Spiel kannst du dir, ebenso wie die polnischen Kinder früher auch, selbst basteln.

Dazu benötigst du:

Sperrholz

Laubsäge

Schmirgelpapier

Farbe

Für ein Bierki braucht man 10 Figuren. Ein Kaiserpaar, ein Königspaar, ein Prinzenpaar und 4 Bauern. Zeichne die Figuren nach der Vorlage auf Sperrholz auf. Der Kaiser soll ungefähr 8 cm und die Bauern halb so groß sein. Mit der Laubsäge sägst du die Figuren aus. Mit Schmirgelpapier glättest du die Kanten. Danach kannst du deine Bierkis anmalen.

Kaiser und Kaiserin

Die Bauern

König und Königin

Prinz und Prinzessin

Das sind die Spielregeln:

Nimm alle 10 Bierkis in deine Hand, und wirf sie in die Luft. Versuche die fallenden Bierkis auf deinem Handrücken aufzufangen. Wirf alle aufgefangenen Bierkis noch einmal in die Höhe, und fange sie nun in deiner ausgestreckten Handfläche.

Ein Wurf ist gültig, wenn am Ende in deiner Handfläche nur Paare liegen. Es darf also keine einzelne Figur dabeiliegen!

Bei einem gültigen Wurf bekommst du für jedes gefangene Paar folgende Punkte:
Kaiser und Kaiserin = 12 Punkte
König und Königin = 7 Punkte
Prinz und Prinzessin = 4 Punkte
Ein Bauernpaar (egal, in welcher Paarung) = 1 Punkt

Hattest du einen gültigen Wurf, darfst du mit den restlichen Bierkis nachwerfen. Du darfst so lange nachwerfen, bis du einen Fehler machst.

Die polnischen Kinder spielen im allgemeinen acht Runden Bierki, ehe sie die Punkte zusammenzählen und den Gewinner ausmachen.

USA

Halloween

Jeden Morgen nach dem Aufstehen lehnt sich Carol aus ihrem offenen Schlafzimmerfenster und schaut eine Weile in den Garten hinaus. Diesen Morgen sieht Carol allerdings nicht viel. Dichte Nebelschwaden ziehen an ihrem Fenster vorbei. Selbst das goldenleuchtende Herbstlaub des großen Ahornbaumes im Garten scheint nur wie eine ferne Sonne. Aber Carol ist dieses Wetter gerade recht. In ein paar Tagen ist der Oktober zu Ende; und in der letzten Oktobernacht ist Halloween. Und je schauriger dann das Wetter ist, um so lieber ist es Carol. Schließlich gehen zu Halloween die Geister um, und Carol will mit ihren Freunden auch dabeisein.

Endlich ist der 31. Oktober. Am Nachmittag sitzt Carol in der Küche und schnitzt in einen Kürbis eine schaurige Fratze. Für Augen, Nase und Mund schneidet sie große Löcher in die Schale. Unterdessen ist ihr Bruder Kevin im Kino. Dort laufen den ganzen Tag kostenlos Geisterfilme. Als es dann allmählich dunkel wird, ist es schließlich soweit: Halloween beginnt.

Carol trägt ihren Kürbis in den Garten und hängt ihn an einer Schnur in den Ahornbaum. Dann zündet sie die Kerze an, die sie mitten in den Kürbis gesetzt hat. Hellorange, wie ein aufgehender Mond, leuchtet der Kürbis auf. Und ganz deutlich ist die Grimasse zu erkennen, die Carol in seine Schale geschnitzt hat. Inzwischen ist auch Kevin wieder zu Hause. Schnell läuft er in sein Zimmer, um sein Laken überzuziehen. Er ist ganz aufgekratzt und möchte nun ebenso geistern wie all die Gespenster, die er gerade im Kino gesehen hat.

Auch Carol verkleidet sich. Letztes Jahr

hatte sie sich als Hexe maskiert, dieses Mal geht sie als Clown. Kaum stecken Carol und Kevin in ihren Kostümen, laufen beide aus dem Haus, um sich mit den anderen Kindern aus der Straße zu treffen. In vielen Gärten leuchten Kürbisse aus den Bäumen oder von mannshohen Pfählen. Doch kein Kürbis ist so schön gruselig wie ihrer, meint Carol. Ob das stimmt, wird sich spätestens bei der Halloween-Party in ihrer Schule zeigen, wenn die schönsten Kürbisse prämiert werden.

Die Kinder treffen sich alle an der Straßenecke. Manche tragen ganz schreckliche Kostüme und manche ganz schöne. So steht ein Räuber neben einer Prinzessin, ein Klabautermann neben einer Katze oder eine Hexe neben einem Clown, und auch Carols Freundin Pam als King Kong ist dabei. Als alle Kinder zusammen sind, ziehen sie von Haus zu Haus. Fast jedes Kind hat eine orange und schwarz bedruckte Sammelbüchse für UNICEF dabei. Und da sie selbst schon ein paar Münzen hineingesteckt haben, können sie damit kräftig scheppern. So machen sie ein Höllenspektakel, vor dem sich eigentlich ein jeder Geist fürchten müßte.

An jeder Haustür läuten sie, und sobald geöffnet wird, rufen alle im Chor: »Trick or treat for UNICEF!«, was soviel bedeutet wie: »Streiche oder eine Spende für UNICEF!« Meistens bekommen sie ein paar Münzen für ihre Sammelbüchsen, aber auch Kekse und Bonbons werden ihnen zugesteckt. Doch dort, wo sie nichts bekommen oder die Tür verschlossen bleibt, malen sie aus Spaß mit Seife Fratzen auf die Fensterscheiben oder bekritzeln die Türen mit Kreide. Nachdem sie ihr Viertel abgeklappert haben, ziehen sie weiter zur Schule. Carol läuft nach Hause, um ihren Kürbis zu holen.

In der Schule angekommen, leert jedes Kind seine Sammelbüchse in einen großen Hexenkessel. Der Kessel ist bald randvoll mit Münzen. Am nächsten Tag werden sie gezählt und in Papier eingerollt. Das Geld wird dann an UNICEF geschickt, damit den vielen armen Kindern in aller Welt geholfen werden kann. Am Eingang zur Aula stehen auch eine Schüssel mit Wasser und eine Kiste voll Äpfel. Als Eintritt zur Party muß jedes Kind mit dem Mund einen im Wasser schwimmenden Apfel herausfischen. Dabei darf es aber nicht die Hände zu Hilfe nehmen. Kevin kommt pitschnaß wie ein kleiner Wassergeist in den Saal. Dort ist das Fest schon in vollem Gang. Es wird getanzt und gespielt, und wer noch nicht genug von Keksen und Bonbons hat, kann sich seinen Bauch mit Eiscreme und Unmengen von mit Käse überbackenem Popcorn vollschlagen.

Zum Abschluß des Festes werden die schönsten Kostüme und Kürbisse ausgezeichnet. Carol bekommt tatsächlich den ersten Preis für ihren Kürbis. Voll Stolz trägt sie ihn nach Hause und hängt ihn in den Ahornbaum zurück. Danach steht sie noch lange an ihrem Fenster und bewundert ihn, bis schließlich die Kerze flackert und langsam erlischt.

Woher Halloween kommt

Halloween ist ein uraltes Fest. Es wurde von unseren Vorfahren schon vor Jahrtausenden zur selben Jahreszeit gefeiert. Bei uns entspricht es den Festen Allerheiligen und Allerseelen. Unsere Vorfahren glaubten, daß zu dieser Zeit die Seelen der Verstorbenen zu Besuch kommen würden. Einerseits fürchteten sie sich vor diesen Geistern, andererseits mußten sie mit ihnen auch ehrfürchtig umgehen, damit die Geister ihnen keinen Streich spielten. Also stellten die Menschen Essen für die Seelen bereit und zündeten ihnen Lichter an. Gleichzeitig machten sie aber auch viel Lärm, damit die Geister nicht so lange blieben und böse Geister erst gar nicht wagten zu kommen.
In Amerika ist Halloween heute schon fast so ein bißchen wie bei uns Fasching und Karneval. In New York findet alljährlich eine Halloween-Parade statt, bei der über hunderttausend Kostümierte mitlaufen.
Der Brauch der Kinder, an Halloween für UNICEF zu sammeln, entstand nach Ende des Zweiten Weltkrieges. Bis heute kamen auf diese Weise über hundert Millionen Dollar zusammen, mit denen den Kindern in den armen Ländern der Welt geholfen werden konnte. 1967 erklärte deshalb Präsident Johnson auch den 31. Oktober zum Nationalen UNICEF-Tag.

Basteln und Backen zu Halloween

Bei uns feiert man Halloween zwar nicht, aber vielleicht willst du zu Allerheiligen auch ein bißchen geistern oder dir etwas Leckeres backen. Diese Art von Gebäck nennt man in Amerika Seelenbrote, weil schon unsere Vorfahren es für ihre toten Verwandten gebacken haben.

Ein Gespensterkleid

Dazu brauchst du:

1 altes Bettlaken
1 Stoßband
1 Gummiband
Kohlestift
Nadel und Faden
Schere

Falte das Laken in der Mitte. Dort, wo du deinen Kopf hineinstecken möchtest, nähst du von innen her ein Stoßband ein. Laß aber eine kleine Öffnung frei, damit du später ein Gummiband einziehen kannst. So kann das Tuch nicht auf deinem Kopf verrutschen. Hast du das Kopfteil fertig genäht, mußt du das Tuch noch für zwei Ärmel absteppen. Danach streifst du dir das Tuch über und zeichnest mit Kohle die Öffnungen für Augen, Mund und Nase an. An diesen Stellen schneidest du das Tuch aus, und fertig ist das Gespensterkleid. Wenn du willst, kannst du es jetzt noch mit Stoffarbe richtig gruselig bemalen.

Von innen
Stoßband
einnähen

Ärmel
absteppen

Eine Kürbislaterne

Besorge dir auf dem Markt einen schönen gelben Kürbis. Zu Hause ritzt du dann mit einem Messer den Deckel vorsichtig ein und hebst ihn ab. Danach entfernst du die Kürbiskerne und das Fruchtfleisch mit einem Löffel. Mit einem Bleistift zeichnest du die Fratze vor, die du in den Kürbis schneiden willst. Hast du die Fratze schließlich ausgeschnitten, mußt du noch ein Loch in den Kürbisboden schneiden, in das du die Kerze hineindrehst.

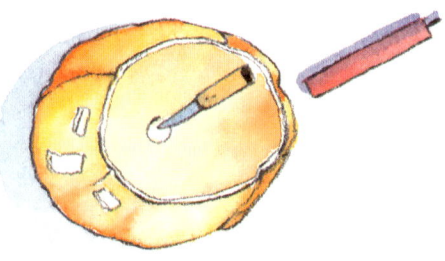

Das Loch muß also ein wenig enger sein, als die Kerze breit ist. Dann mußt du nur noch warten, bis es dunkel ist, und dann kannst du deine schaurige Kürbislaterne im Garten oder auf dem Balkon aufstellen und anzünden.

Seelenbrot

Für dein Seelenbrot brauchst du:

8 Tassen Mehl

2 Tassen Milch

1 Würfel Hefe

8 Eigelb

2 Tassen Zucker

je 1 Teelöffel Orangeat und Zitronat

½ Tasse Butter

1 Prise Salz

1 Eßlöffel Mohnsamen

Löse die Hefe in einer Tasse lauwarmer Milch auf, und streue etwas Zucker hinein. Vermenge dann die Milch in einer Rührschüssel mit einer Tasse Mehl. Über diesen Teigbrei siebst du etwas Mehl und läßt ihn an einem warmen Platz aufgehen.

Sobald er um die Hälfte größer ist, gibst du die Eigelbe und die Prise Salz dazu und verrührst das Ganze. Hierauf rührst du das Orangeat und Zitronat mit dem restlichen Zucker hinzu. Gib nun noch zwei Tassen Mehl und die restliche Milch in den Teig, und rühre ihn eine Viertelstunde.

Danach gibst du das restliche Mehl und die Butter dazu und knetest den Teig, bis er sich von deinen Händen löst. Decke jetzt die Schüssel mit einem Tuch ab, und stelle sie wieder an den warmen Platz. Warte, bis sich der Teig verdoppelt hat. Teile ihn nun in vier Teile, und rolle jedes Teil zu einer dicken Nudel. Aus diesen vier Nudeln flichtst du auf dem Backblech einen Zopf.

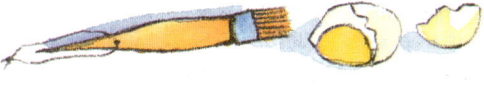

Bestreiche den Zopf mit Eigelb, und bestreue ihn mit Mohnsamen. Laß den Zopf noch einmal gehen, bevor du ihn schließlich in den Ofen schiebst. Backe den Zopf eine Stunde bei 180° C.

Mexiko

Pinata, die Partykugel

Hat ein mexikanisches Kind Geburtstag, so wird ihm zwar gratuliert, aber groß gefeiert wird nicht. Ganz anders ist es an seinem Namenstag. Der wird genauso toll gefeiert wie ein Geburtstag hierzulande.

Miguel zum Beispiel hat am 29. September Namenstag; dann ist Michaeli. An diesem Tag wird er mit einem Ständchen geweckt. Seine Eltern, Geschwister und Freunde stellen sich vor seinem Fenster im Hof auf und singen ihm einen Glückwunsch.

Danach versammeln sich alle um den Frühstückstisch, und es gibt ein großes Frühstück mit Bohnen, Pfannkuchen und Hackfleischfladen und viel, viel süßem Kaffee und Kakao.

Am Nachmittag nach der Schule gibt es eine große Kinderparty, zu der Miguel alle seine Freunde einladen darf. Bei Kuchen und Saft spielen, singen und tanzen sie. Der Höhepunkt des Festes ist jedoch das Spiel mit der Pinata.

Die Pinata ist eine hohle Kugel aus Ton oder Pappmaché. Sie ist mit buntem Papier, Fransen und Schleifen geschmückt. Der Schmuck der Pinatakugel wird so angeklebt, daß die Pinata eine ganz bestimmte Form erhält. Mal ist es ein roter Hahn oder ein bunter Paradiesvogel, mal ein mächtiger Stierkopf, mal ein lustiges Clownsgesicht oder ein kugelrunder Nikolaus, mal eine prächtige Blume oder ein strahlender Stern. Der Bauch der Pinata wird mit Süßigkeiten, Nüssen und kleinen Spielsachen gefüllt. Und je nach Größe des Festes gibt es ein, zwei oder auch mehr Pinatas.

Miguel hat für sein Fest zum Namenstag zwei Pinatas. Einen bunten Clown und eine feurige Sonne. Er hat sie in der letzten Woche zusammen mit seiner Oma gebastelt. Jetzt hängt sein Vater die erste Pinata, den Clown, im Hof in einen Baum. Sie hängt so hoch, daß man darunter durchlaufen kann. Alle Kinder versammeln sich in einem großen Kreis darum.

Und der Reihe nach darf eins nach dem anderen versuchen, die Pinata mit einem langen Stock zu zerschlagen.

Miguel bestimmt die Reihenfolge. Den Anfang darf seine kleine Schwester Alicia machen. Ihr werden die Augen verbunden. Dann wird sie dreimal um ihre eigene Achse gedreht. Darauf erhält sie den Stock in die Hand und darf auf die Pinata zulaufen. Am Anfang läuft sie in die falsche Richtung, und alle Kinder rufen ihr den richtigen Weg zu. Als sie endlich unter der Pinata steht, schreien alle: »Halt!« Alicia holt hierauf weit mit dem Stock aus und versucht, die Pinata zu zerschlagen. Beim dritten Versuch trifft sie, doch mit verbundenen Augen richtig zu treffen ist gar nicht so leicht.

Ein Kind nach dem anderen versucht es. Bei den größeren Kindern zieht Miguels Vater die Pinata ein Stückchen höher, damit sie es ebenso schwer haben wie die kleineren. Sechs Kinder haben es schon versucht, jetzt ist Miguel dran! Getroffen! Die Pinata ist zerplatzt. Über Miguel ergießt sich ein Regen aus Bonbons, Nüssen und Spielsachen. Schnell reißt er sich die Binde von den Augen und stürzt auf die am Boden verstreuten Sachen. Die anderen Kinder stürmen dazu, und ein wildes Gerangel ist im Gang; denn jedes Kind versucht, soviel wie möglich von den leckeren Sachen zu erwischen.

Nachdem jedes Kind seine Beute zur Seite geschafft hat, hängt Miguels Vater die zweite Pinata auf, und das Spiel beginnt erneut.

Gegen Abend geht Miguels Fest zu Ende. Doch lange muß er nicht warten, bis wieder eine Pinata geschlagen wird. Denn in vier Wochen gibt es wieder ein Kinderfest. Dann hat Antonio Namenstag. Und bald darauf ist Posada, die Adventsfeier, bei der viele, viele Pinatas zu Bruch gehen werden.

Posada wird am 16. Dezember in ganz Mexiko gefeiert. Es ist ein Fest, zu dem Kinder die Herbergsuche von Maria und Joseph in Bethlehem nachspielen. Dieses Spiel findet auf der Straße statt und wird von der gesamten Nachbarschaft begleitet. Am Ende treffen sich alle in dem Haus, in dem Maria und Joseph aufgenommen werden. In diesem Haus findet dann ein großes Fest statt. Jedes Jahr darf dafür ein anderer Nachbar sein Haus oder seine Wohnung bereitstellen. Was übrigens eine besondere Auszeichnung ist.

Eine Pinata basteln

Eigentlich darf in Mexiko kein Kinderfest vergehen, ohne daß eine Pinata geschlagen wird. Darum gibt es auch überall Pinatakugeln aus dünnem Ton zu kaufen. Diese Tonkugeln müssen dann nur noch mit buntem Papier geschmückt werden.

Da es bei uns keine Pinatakugeln gibt, mußt du dir erst selbst eine basteln. Blase dazu einen runden Luftballon auf.

Diesen Luftballon kannst du jetzt mit Gipsbinden umwickeln oder in Pappmaché einhüllen. Pappmaché entsteht, wenn du mehrere Lagen Zeitungspapier in kleinen Flecken mit Tapetenkleister um den Luftballon klebst.

Ist die Hülle fest, schneidest du oben ein kleines Fülloch hinein. Dabei platzt auch der Luftballon.

62

Nun kannst du deinen Pinataball schmücken. Willst du wie Miguel einen Clown basteln, schneidest du aus verschiedenfarbigem Kreppapier breite Bänder. Rolle die Bänder zusammen, und schneide dann viele dünne Streifen hinein.

Klebst du die Bänder dann an einer Hälfte des Pinataballs in Reihen von unten nach oben, erhält dein Clown einen bunten Wuschelkopf.

Jetzt mußt du ihm nur noch das Gesicht anmalen. Seine Nase kannst du aus rotem Papier formen. Oder du nimmst dazu einen kleinen roten Luftballon. Zum Schluß klebst du ihm noch eine hübsche Schleife unters Kinn, und fertig ist dein Pinata-Clown.

63

Brasilien

Karneval in Salvador da Bahia

Kommst du mit, Dodo? Wir haben einen Keller gefunden, der ist voll mit Gerümpel, das sich gut verscheuern läßt«, sagt Carlinhos zu seinem Freund. Doch Dodo winkt ab. Seit er seit einem halben Jahr regelmäßig die Escola Criativa besucht, macht er bei solchen Streichen nicht mehr mit.

Davor war das anders. Da lungerte er mit Carlinhos und den anderen auf der Straße herum, schwänzte die Schule und war für jede Schandtat bereit. Doch dann hatte ihn die Polizei bei einem Taschendiebstahl erwischt und eine Nacht und einen ganzen Tag lang eingesperrt. Am Abend holte ihn seine Mutter endlich von der Polizei ab. Dodo dachte zuerst, er bekäme jetzt noch eine tüchtige Abreibung. Doch seine Mutter kam nicht allein, sondern mit Mundo, einem Prediger aus der Kirchengemeinde. Der sprach zu ihm wie zu einem Mann, ernst und ohne zu schimpfen. Er sagte Dodo, daß er nun an einem Kreuzweg stehe und es an ihm liege, wohin er sich von Exu, dem Boten der Götter und Hüter der Kreuzungen, stoßen lasse. Er könne Exu seine Seele untertan machen und weiter auf der Straße herumstrolchen. Er könne den Götterboten aber auch bitten, daß dieser ihm den Weg zu Oxala, dem Gott des guten Endes, zeige. Der eine Weg werde ihn ins Gefängnis bringen, der andere werde ihn achtbar machen.

Dodo dachte eine Nacht lang darüber nach. Am anderen Tag ging er zu Mundo, und der brachte ihn zur Escola Criativa. Die Escola Criativa ist eine Schule, die zum Karnevalsverein Olodumaré gehört. Hier lernen die Kinder aus dem Viertel Trommeln, Tanzen und Singen. Sie spielen dort auch Theater und basteln Masken und Kostüme für den Karneval. Und schließlich bereiten sich die Kinder der Escola Criativa jedes Jahr auf den Karnevalsumzug vor, und der ist für Dodo wie für alle anderen das größte Ereignis im Jahr.

Der Karneval beginnt, wenn der Sommer in Brasilien zu Ende geht. Am Donnerstag vor Aschermittwoch überreicht der Bürgermeister von Salvador die Stadtschlüssel an Rei Momo, den Karnevalskönig. Das ist immer ein ganz besonders dicker Mann aus der Stadt. So richtig los geht der Karneval aber erst am Freitag. Dann beginnen die Karnevalsgruppen mit ihren Umzügen. Die meisten starten in ihrem Stadtviertel und ziehen dann in die Stadtmitte. Es gibt rund 100 verschiedene Gruppen, die so an mehreren Tagen bis zum Aschermittwoch durch die Stadt toben. Manche bestehen nur aus einem geschmückten Lastwagen, auf dem eine Kapelle spielt. Allerdings ist so ein Lastwagen vollgestopft mit Lautsprechern, und die Musik dröhnt derart laut, daß noch drei Häuserblocks weiter die Wände wackeln. Die größeren Karnevalsgruppen nehmen sich jedes Jahr ein anderes Thema vor, nach dem sie sich kostümieren und ihre Wagen schmücken.

Olodumaré, Dodos Karnevalsverein, hat sich diesmal Oxumaré, den Gott des Regenbogens, zum Thema gewählt. Er ist die eine Hälfte des Jahres ein Mann und die andere Hälfte des Jahres eine Frau. Er wird als Schlange dargestellt, und seine Farben sind Gelb und Grün. Entsprechend sind auch die Wagen geschmückt. Die Tänzer und Tänzerinnen, die vor und um die Wagen herumtanzen, haben sich als glitzernde Schlangen verkleidet. Dodo darf mit den anderen Kindern der Escola Criativa auf den Wagen mitfahren, und da er schon ein guter Trommler ist, darf er auch eine Timbalada schlagen – das ist eine hohe, schlanke Trommel. Am Straßenrand tanzen dann die Zuschauer im Rhythmus seiner Musik, und Dodo fühlt sich wie ein Zauberer, der die Menschen wie Puppen bewegen kann.

Doch noch mehr freut sich Dodo auf den Umzug der Kinder am Sonntag, denn dann gehört die Ringstraße Salvadors den ganzen Nachmittag ihm und seinen Freunden allein, und er kann dann ununterbrochen nach Herzenslust trommeln. Er und die anderen Kinder der Escola Criativa werden dann in selbstgeschneiderten afrikanischen Kostümen durch die Straßen ziehen und sich von den vielen Zuschauern bewundern und beklatschen lassen. Und wenn am Aschermittwoch gegen Mittag der Karneval mit einem Konzert der größten Karnevalsgruppen in der Stadtmitte zu Ende geht, wird Dodo danach mit seiner Timbalada, so wie viele andere aus der Stadt auch, an den Strand ziehen und das Rauschen der Wogen mit seinem Schlag begleiten. Dabei wird er aufs Meer hinausblicken und an das Geschehen vor einem halben Jahr denken, und dabei wird er Exu dafür danken, daß dieser ihm den Weg zu Oxala gezeigt hat.

Wie es zum Karneval in Brasilien kam

Der Brauch, Karneval zu feiern, kam mit den weißen Einwanderern nach Brasilien. Sie waren es von ihrer Heimat Europa gewohnt, sich vor der beginnenden Fastenzeit noch einmal richtig auszutoben und zu vergnügen. Darum nannten sie diese Zeit auch Karneval; das bedeutet »Abschied vom Fleisch«, denn in der Fastenzeit durfte kein Fleisch gegessen werden.

Der Karneval, wie er heute gefeiert wird, hat seinen Anfang im Beginn des 19. Jahrhunderts. Damals begannen die vornehmen Familien in Brasilien zur Karnevalszeit, Maskenbälle in ihren Häusern zu veranstalten. Auf diesen Maskenbällen ging es oft gar nicht fein, sondern recht verrückt zu, und kurz vor Aschermittwoch wurde die Stimmung immer toller. Man zog auf die Straße, bespritzte sich gegenseitig mit Wasser, bestäubte sich mit Mehl und kippte Eimer voll Flüssigkeit vom Balkon auf die Leute in den Straßen. Deswegen verbot die Polizei den Karneval eine Zeitlang. Doch die Leute scherten sich nicht darum und feierten weiter. Also versuchte die Polizei, den Ablauf des Karnevals etwas zu lenken. Und so entstanden bald darauf die ersten Karnevalsklubs, die mit Festwagen und Musik durch die Straßen zogen.

Dieser Karneval war nur ein Fest der weißen Brasilianer. Aber mit dem Ende der Sklaverei nahmen sich auch die befreiten Sklaven das Recht, Karneval zu feiern. Und so entstand 1895 der erste schwarze Karnevalsklub. Er wurde *Embaixada Africana,* Botschaft Afrikas, genannt. Seine Mitglieder zogen in afrikanischer Kleidung und mit Trommeln und Rasseln durch die Straßen. Die weißen Brasilianer rümpften darüber zwar ihre Nasen, doch das änderte nichts daran, daß von nun an der Karneval in Brasilien ganz anders wurde.

Ein Karnevalskostüm batiken

Auch bei uns wird Karneval oder Fasching gefeiert. Vielleicht willst du auch einmal so ein Kostüm wie Dodo beim Kinderumzug tragen? Wenn ja, dann kannst du dir so ein Kostüm recht leicht batiken.

Dazu brauchst du:

1 weißes T-Shirt Größe XL

Wollfaden

Murmeln aus Glas

blaue Batikfarbe

Eimer

Schere

Du kannst das T-Shirt mit verschiedenen Mustern einfärben. Willst du, daß es über und über mit sternförmigen Kreisen bedeckt ist, knotest du ganz viele Murmeln in das Hemd. Dazu legst du die Murmeln auf den Stoff und bindest sie fest mit dem Wollfaden ab.

Willst du hingegen ein geregeltes Muster, so ziehst du den Wollfaden mit einer großen Nadel durch den Stoff. Nähe von der Mitte nach außen in größeren Abständen verschachtelte Quadrate. Ziehe dann die Fäden straff zusammen, so daß der Stoff gerafft wird. Verknote die Fadenenden miteinander.

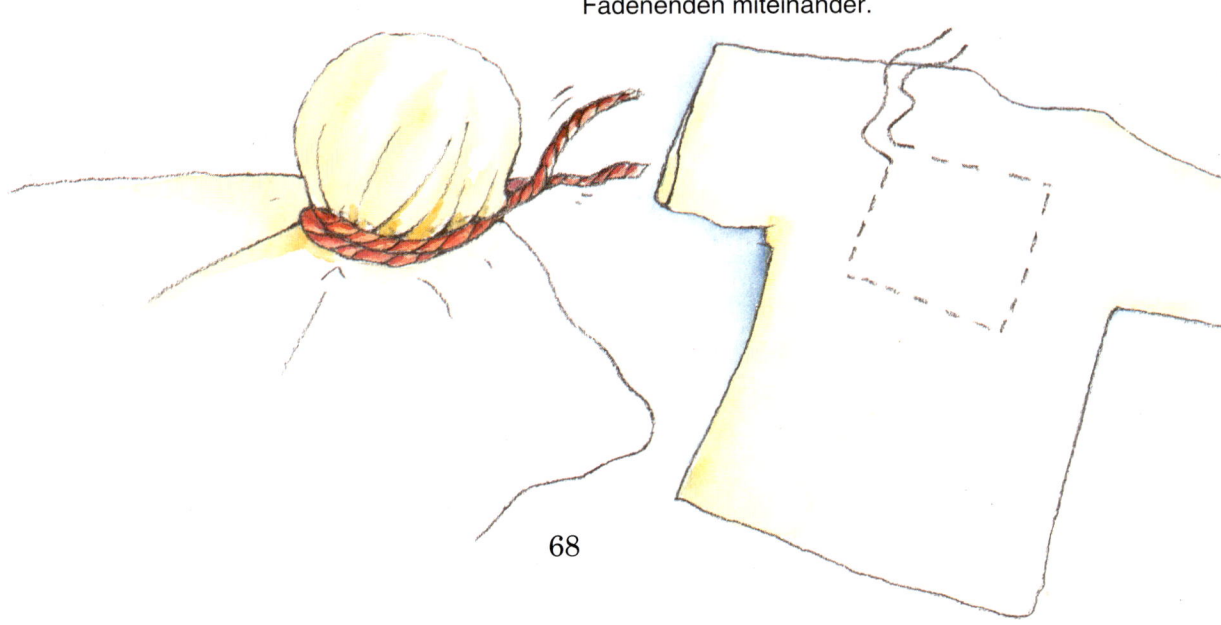

Setze in einem Eimer die Batikfarbe nach Vorschrift an. In das fertige Farbbad tauchst du das Hemd und läßt es darin etwa eine Viertelstunde liegen. Bewege es ab und zu leicht hin und her. Danach spülst du das Hemd in klarem Wasser so lange, bis es keine Farbe mehr abgibt. Mit einer Schere löst du dann vorsichtig die Wollfäden.

Spannst du jetzt das T-Shirt zum Trocknen auf, siehst du überall dort, wo die Fäden saßen, weiße Stellen. Das gebügelte T-Shirt kannst du dann als Tunika oder Kaftan tragen.

69

Japan

Hina Matsuri, das Mädchenfest

Ach, bin ich müde!« Yoko gähnt genüßlich. Sie ist schon im Schlaf-anzug und steht wie jeden Abend mit Boso, ihrem Bruder, am Fenster und blickt auf die glitzernde Stadt vor sich. Yoko wohnt in der obersten Etage eines Hochhauses am Rande von Osaka. Von dort aus sieht sie auch die an- und abfliegenden Flugzeuge am nahen Flughafen. Und mit Boso spielt sie abends am liebsten Weltreisen. Dazu schauen sie durchs Fernglas, aus welchem Land das Flugzeug kommt, und dann denken sie sich beide aus, was sie in diesem Land alles machen wollen. Doch diesmal hat Yoko keine rechte Lust, Weltreise zu spielen. Sie ist nämlich wirklich müde. Schließlich stand sie den ganzen Nachmittag mit ihrer Mutter in der Küche, um das Essen für das morgige Mädchen-fest vorzubereiten.

»Ich gehe jetzt schlafen«, gähnt Yoko abermals und dreht sich vom Fenster weg.

Am anderen Morgen steht Yoko früher auf als sonst. Sie muß nämlich noch die letzten Vorbereitungen für das Mädchenfest treffen. Sie geht ins Wohnzimmer und öffnet den alten Koffer, den sie gestern aus dem Keller geholt hat. In dem Koffer liegen säuberlich in Seidenpapier gehüllt ein gutes Dutzend alter Puppen. Einige davon sind so alt, daß sie schon wieder sehr wertvoll sind. Sie haben schon der Großmutter von Yokos Oma gehört. Aber auch zwei neue Puppen sind darunter, die Yoko letztes Jahr geschenkt bekam.

Zuerst allerdings baut Yoko aus vorbereiteten Kartons eine kleine Bühne auf, die in fünf Stufen nach oben ansteigt. Über diese treppenartige Bühne wirft sie ein rotes Tuch und streicht es glatt. Jetzt stellt sie nacheinander die Puppen auf. Auf die oberste Stufe setzt sie zwei prächtig gekleidete Puppen. Sie sind der Kaiser und die Kaiserin. Hinter dem Herrscherpaar plaziert sie einen goldorangen Lampion. Die zweite Stufe soll den kaiserlichen Garten darstellen. Dazu stellt Yoko zwei helle Holzkistchen mit künstlichen Kirschbäumchen links und rechts vom Kaiserpaar. Beide Bäumchen sind übersät mit rosa Stoffblüten. Dazwi-

schen halten zwei Samurais und drei Soldaten Wache. Auf die dritte Stufe kommen die Hofdamen. Sie tragen bestickte Kleider aus feinster Seide und sitzen auf dunkelblauen Kissen. Auf der vierten Stufe verteilt Yoko fünf Puppen, die Musikinstrumente spielen. Jede spielt dabei ein anderes Instrument. Auf die unterste Stufe aber kommt keine Puppe. Hier stellt Yoko Puppengeschirr aus dünnem Porzellan hin. Zudem stellt sie zu den Puppen auf den einzelnen Stufen passende Puppenmöbel. Ganz zuletzt schmückt sie die Bühne noch mit kleinen Vasen, in denen blühende Pfirsichzweige stecken. Sie gelten als Sinnbild des Sanftmutes, und unter diesem Zeichen soll der heutige Tag stehen.

Nach der Schule zieht Yoko ihren schönsten Kimono an. Ihre Mutter hilft ihr dabei, den Gürtel umzubinden. Trotzdem dauert das Ganze seine Zeit, denn einen Kimono richtig anzuziehen ist gar nicht so einfach.

Kaum steckt Yoko im Kimono, kommen auch schon die ersten Gäste. Es sind Yokos Großeltern. Nacheinander kommen auch weitere Besucher, Verwandte und Bekannte. Sie haben alle ein kleines Geschenk für Yoko dabei. Yoko zeigt allen die Puppenbühne, und jeder lobt sie, wie schön sie sie aufgebaut hat. Und den meisten fällt beim Anblick der Puppen eine kleine

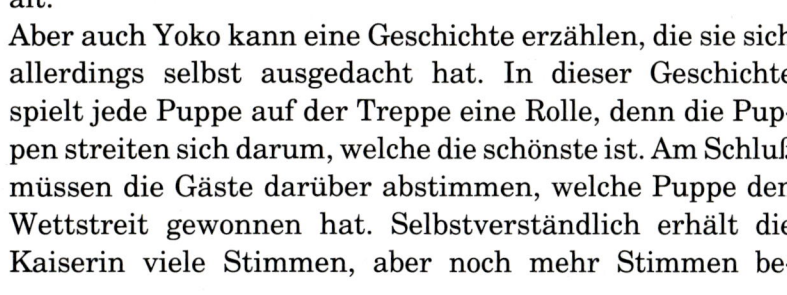

Geschichte aus vergangenen Zeiten ein, als es noch mächtige Kaiser, tapfere Samurais und weise Teemeister gab. Und die Gäste hören zu und nicken, so, als ob sie selbst erlebt hätten, wovon berichtet wird. Dabei

sind die meisten Geschichten schon mehrere hundert Jahre alt.

Aber auch Yoko kann eine Geschichte erzählen, die sie sich allerdings selbst ausgedacht hat. In dieser Geschichte spielt jede Puppe auf der Treppe eine Rolle, denn die Puppen streiten sich darum, welche die schönste ist. Am Schluß müssen die Gäste darüber abstimmen, welche Puppe den Wettstreit gewonnen hat. Selbstverständlich erhält die Kaiserin viele Stimmen, aber noch mehr Stimmen bekommt eine kleine Flötenspielerin. Und darüber freut sich Yoko, denn sie findet auch, daß diese Puppe die schönste ist.

Nachdem alle die Puppen reichlich bewundert haben, knien sich Yokos Gäste um den niedrigen Eßtisch im Wohnzimmer. Zusammen mit ihrer Mutter serviert Yoko das Essen aus süßer Suppe, Fisch, jungem Gemüse im Teig, Reis und Gebäck.

Noch zwei Tage bleiben die Puppen im Wohnzimmer stehen. Dann legt sie Yoko behutsam in den alten Koffer und trägt sie wieder in den Keller. Erst im nächsten Jahr, wenn der Kalender den dritten Tag im dritten Monat zeigt, wird sie die Puppen wieder hervorholen.

Das Jungenfest

Auch die Jungen in Japan haben einen eigenen Festtag. Er folgt dem Kirschblütenfest und fällt auf den fünften Tag im fünften Monat. An diesem Tag wurde früher der junge Reis gepflanzt. Vor jedem Haus, in dem ein Junge wohnt, wird an einem langen Bambusstock ein Banner aufgezogen. Das Banner besteht aus einem bunten Karpfen aus Papier oder Tuch. Diese Karpfen haben ein weitaufgerissenes Maul, in das der Wind blasen kann. Und so flattern und wedeln sie in der Luft wie lebendige Fische an einer Angel. Der Karpfen gilt in Japan als ein mutiges und kluges Tier. Seine Kraft und Weisheit soll sich so auf den Jungen übertragen.

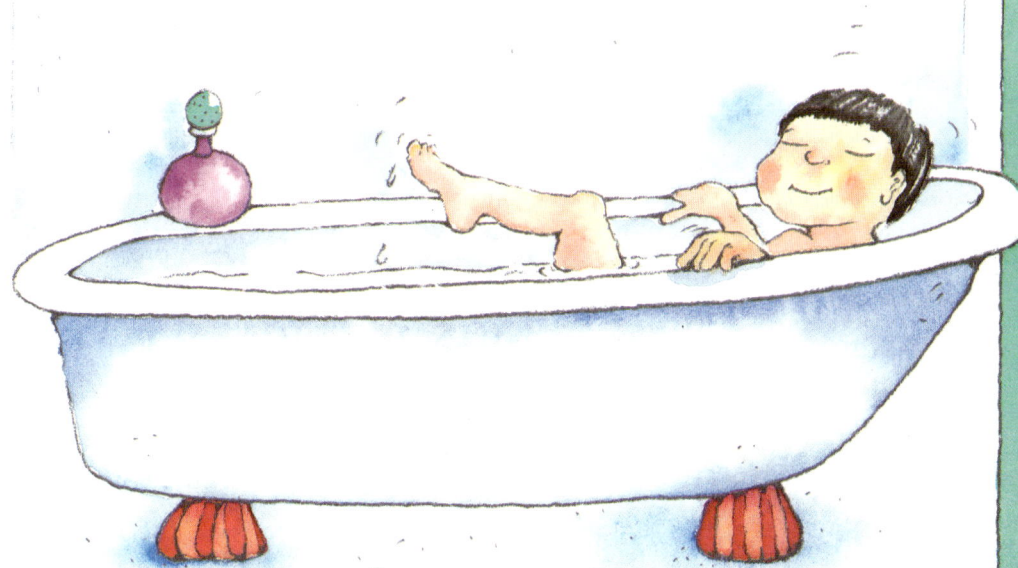

Meistens beginnt ein Junge seinen Festtag mit einem Bad, in das das Öl der Schwertlilie gegossen wird. Durch dieses Bad soll er Gesundheit und Ausdauer bekommen. Auch die Jungen werden beschenkt. Den Tag verbringen die Jungen mit gemeinsamem Singen und Spielen; dabei dürfen auch die Mädchen mitmachen. Am Abend trifft sich schließlich die ganze Familie zu einem Festessen.

74

Wie das Mädchen- und das Jungenfest entstanden

Verschiedene alte Reinigungsbräuche der Frühlingszeit führten zum heutigen Puppenfest der Mädchen. So übernahmen die Japaner vor langer, langer Zeit von den Chinesen die Sitte, im Frühjahr all ihre Krankheiten symbolisch im nächsten Fluß oder See zu ertränken. Dazu malten sie ihre Leiden auf Papierbilder und warfen sie anschließend in den Fluß. Bei einem anderen Brauch nahm man Puppen aus Gras, um sich von allen bösen Kräften zu befreien. Mit diesen Graspuppen rieb man sich über den ganzen Körper. Dadurch sollte alles Schlechte auf die Puppen übergehen. Die Puppen wurden anschließend in einen Fluß geworfen und schwammen mit dem Schlechten davon.

Aus diesen Bräuchen entstand vor rund 400 Jahren die Sitte des Puppenfestes, das bald von allen japanischen Mädchen übernommen wurde. Die Puppen wurden jetzt jedoch nicht mehr als Sündenböcke benutzt, sondern von nun an stellten sie das Gute dar, das durch sie jedes Frühjahr erneuert wird.

Das Jungenfest gilt zwar seit 1948 als allgemeiner Kindertag in Japan, doch in den meisten Familien feiern es immer noch hauptsächlich die Jungen. Das Fest wird schon seit mehr als tausend Jahren an dem Tag gefeiert, an dem der Reis gepflanzt wird. Dazu werden mächtige Symbole an die Hausdächer gehängt. Durch ihre Kraft sollen der Reis und die Söhne gemeinsam stark und groß werden. Ganz früher waren diese Symbole Heilkräuter, dann Kränze aus Irisblüten, und schließlich nahm man bunte Karpfen als Drachen. Denn einer alten Sage nach kann sich jeder Karpfen in einen mächtigen Drachen verwandeln. Er muß hierzu nur flußaufwärts bis zur Quelle eines Flusses schwimmen.

Eine Stockpuppe basteln

Vielleicht möchtest du dir eine japanische Kaiserinnen-Puppe basteln, mit der du auch richtig Theater spielen kannst. In Japan führt man nämlich die Marionetten statt mit Schnüren an Stöcken. Solche Puppen nennt man Stockpuppen.

Für eine Stockpuppe benötigst du:

1 Holzstab als Haltestock
festeren Draht, entweder Schweißdraht oder Haltedraht für Luftballons
1 Strumpf
Watte
Filz
Hanfschnur oder Bast
festen Karton
fleischfarbenen Stoff
glänzenden Stoff, am besten Futterstoff
Schere, Nähzeug, Schnur und Klebstoff

Aus Strumpf und Watte formst du den Kopf der Puppe. Dabei mußt du die Watte fest in den Strumpf stopfen, damit der Kopf nicht zu weich wird. In den Kopf drehst du von unten her den Holzstab. Daraufhin schnürst du den Kopf am Halsansatz fest an den Stab.
Über den Kopf ziehst du ein fleischfarbenes Tuch. Das Tuch spannst du am Hinterkopf der Puppe und vernähst es. Dann nähst du mit etwas Geschick Augenbrauen, Nase, Mund und Kinn ab.

Tuch fest spannen und hinten vernähen

76

Für die Augen schneidest du hellen Filz für die Augäpfel und dunklen Filz für die Pupillen zurecht. Die Filzstücke klebst du ins Gesicht der Puppe. Die Haare kannst du aus Hanfschnur oder Bast zu einer Frisur formen und auf den Kopf kleben.

Jetzt mußt du deine Puppe anziehen. Dazu schneiderst du ihr am besten ein rechteckiges Kleid. Unter das Kleid schiebst du ein Schulterstück aus fester Pappe auf den Haltestock. Das Schulterstück heftest du mit Klebeband am Stock fest.

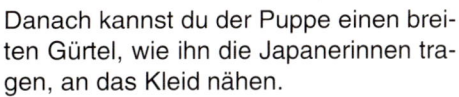

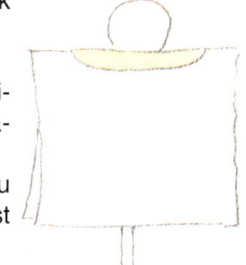

Danach kannst du der Puppe einen breiten Gürtel, wie ihn die Japanerinnen tragen, an das Kleid nähen.
Aus hellem Filz oder Leder schneidest du die Hände als Fäustlinge aus und nähst sie an die Ärmel des Kleides.
Stich nun noch die beiden Drahtstäbe durch die Hände, und biege sie um. Mit diesen beiden Stäben bewegst du deine Puppe. Umwickle noch die unteren Enden der Drähte mit Klebeband, sie liegen dann leichter in deiner Hand.

Hände am Stoff festnähen

China

Das Drachenfest

Chang geht mit seinem Vater durch das Dorf zum Gemeindehaus. Dort treffen sich viele Jungen und Männer aus dem Dorf, um sich auf das Drachenfest vorzubereiten. Chang ist mächtig stolz darauf, daß sein Vater ihn mit zum Drachenbauen nimmt. Es ist der erste Drachen, den sich Chang selbst bauen darf. Und Chang hat noch eine ganze Menge zu tun, bis sein Drachen fertig ist. Dabei hat er nicht mehr viel Zeit, denn in drei Tagen ist der neunte Tag des Chrysanthemen-Monats, das ist der neunte Monat im chinesischen Kalender. Und an diesem Tag findet alljährlich das Drachenfest statt.

Chang bastelt sich eine fliegende Fledermaus als Drachen. Eine Fledermaus gilt in China als Zeichen für Glück und langes Leben, weil man dort früher glaubte, daß eine Fledermaus tausend Jahre alt würde.

Changs Vater bastelt neben ihm an einem eigenen Drachen. Es soll ein Fisch werden. Der Fisch ist ein Glückszeichen für Gesundheit, Wohlergehen und eine große Familie. Der Drachen sieht aus wie ein großer Karpfen mit weitaufgerissenem Maul. Eigentlich ist der Drachen schon fertig. Doch Changs Vater möchte ihm in das Maul noch eine Windharfe bauen, damit er im Flug auch singen kann. Das ist sehr schwierig und erfordert viel Geschick.

Noch zwei Abende arbeiten Chang und sein Vater an ihren Drachen. Dann ist es soweit, der Tag des Drachenfestes ist da. Am frühen Nachmittag ziehen sie mit den anderen Jungen und Männern auf den kleinen Hügel am Rande ihres Dorfes. Dort bläst um diese Jahreszeit immer ein Wind. Die anderen Dorfbewohner folgen ihnen, um ihnen beim Drachenfliegen zuzuschauen.

Einer nach dem anderen läßt seinen Drachen aufsteigen. Und bald sausen mehrere Dutzend Drachen durch die Lüfte. Manche von ihnen fliegen dabei so hoch, daß man die Schnur, an der sie hängen, gar nicht mehr erkennen kann. Kein Drachen gleicht dem anderen, und jeder Drachen ist ein Glückszeichen; da gibt es neben Fledermäusen und Fischen auch Schmetterlinge, Gänse, Tiger und Pfauen. Auch ein paar

richtig feurige Drachen sind darunter. An einem von ihnen hängen ein paar Kracher. Der Mann, der diesen Drachen lenkt, ist ein erfahrener Drachenlenker. Mit einer zusätzlichen Zugleine zündet er die Kracher, ohne daß sein Drachen verbrennt. Die Zuschauer sind von diesem Kunststück begeistert und klatschen in die Hände.

Auch der Drachen von Changs Vater hat eine Zugleine. Jedesmal wenn er an der Leine zieht, erklingt die Windharfe. Nach kurzer Übung kann er damit sogar eine kleine Melodie spielen. Dafür erhält er auch viel Beifall. Chang ist ganz stolz auf seinen Vater.

Nach einer Weile werden die Jungen und Männer übermütig und fordern sich einander zu einem Drachenwettkampf heraus. Dabei versuchen sie sich gegenseitig die Schnur ihrer Drachen zu kappen oder zumindest den Drachen des anderen so ins Trudeln zu bringen, daß er zu Boden stürzt. Manche Zuschauer schließen auch untereinander Wetten ab, welcher Drachen in einem solchen Zweikampf bestehen wird. Und für einige Zuschauer sind diese Wetten oft wichtiger als das ganze Drachenfest.

Bis in den Abend hinein sieht man über dem Dorfhimmel die Drachen fliegen. Mit der untergehenden Sonne holen schließlich auch die letzten Drachenlenker ihren Drachen ein und ziehen zum Gemeindehaus. Dort gibt es ein Fest, bei dem noch viel über den Tag und die Drachenwettkämpfe gesprochen wird.

Als Chang endlich in seinem Bett liegt, dankt er seinem Vater für diesen schönen Tag und fragt ihn dann: »Papa, bringst du mir bis zum nächsten Drachenfest auch das Drachenkämpfen bei?«

Die Geschichte von Huan Shin
oder Wie das Drachenfest entstand

Vor mehr als 2000 Jahren lebte in der kleinen Stadt Joo-an im Herzen Chinas ein Zwerg namens Huan Shin. Weil Huan Shin so klein war, wurde er oft verspottet. Deswegen wollte er etwas Großes erreichen. Und so wurde er ein Schüler des mächtigen Zauberers Fei-Chang-Fang.

Eines Tages im Herbst sagte Fei-Chang-Fang zu ihm: »Huan Shin, ich sehe ein großes Unglück über unser Tal und unsere Stadt kommen. Es wird am neunten Tag des neunten Monats geschehen. Nimm deine Familie und deine Leute, und begib dich auf die Berge über dem Tal. Dort sollst du warten, bis wieder Friede im Tal herrscht.«

Huan Shin erzählte allen Leuten im Tal von dieser Prophezeiung, aber niemand wollte ihm glauben. So stieg er allein mit seiner Familie auf den Berg über der Stadt. Er ließ dabei all seinen Besitz zurück. Nur eine Truhe voller Seide nahm er mit; denn Seide war damals so wertvoll, daß sie mit Gold aufgewogen wurde.

Am neunten Tag des neunten Monats stand er schon vor Sonnenaufgang auf dem Gipfel und beobachtete das Tal. Und im Licht der aufgehenden Sonne sah er ein feindliches Heer in das Tal einreiten. Huan Shin war darüber sehr verzweifelt, da ihm keine Zeit mehr blieb, die Leute von Joo-an vor dem Feind zu warnen.

In seiner Not erinnerte er sich jedoch an die Truhe mit Seide. Und um den Bewohnern von Joo-an zu zeigen, daß bald viel Blut fließen würde, nahm er ein großes rotes Seidentuch heraus. Dieses Tuch knüpfte er mit allen vier Ecken an einen langen Faden und hielt es in den Wind, so daß es über der Stadt hin und her flog.

Von weitem aber sah das rote Tuch wie ein gefährlicher Drachen aus, der aus dem Himmel zu stürzen schien. Da

fürchteten sich die anrückenden Feinde so sehr, daß sie schnell aus dem Tal flohen.

Über Huan Shin aber wagte jetzt keiner mehr zu spotten. Und seitdem strömen die Leute jedes Jahr am neunten Tag des neunten Monats auf die Hügel und Berge, um dieses glückliche Zeichen für ihr Dorf oder ihre Stadt zu wiederholen.

Einen Drachen basteln

Wenn auch du Spaß an einem Drachenwettkampf findest, willst du sicher nicht
einen teuren Drachen dafür verwenden.
Genausowenig willst du einen Drachen
verlieren, an dem du lange gebastelt hast.
Hier ein Vorschlag, wie du schnell und
billig einen Drachen bauen kannst.

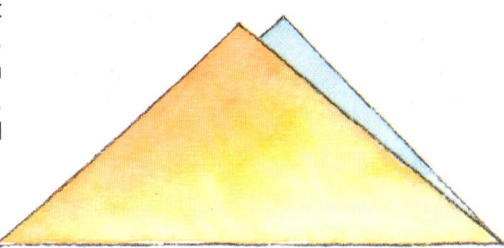

Nimm ein festes Papier oder einen dün-
nen Karton, und schneide daraus ein
Quadrat.
Falte das Quadrat zu einem Dreieck.
Knicke eine Kante des Dreiecks nach
vorn um.

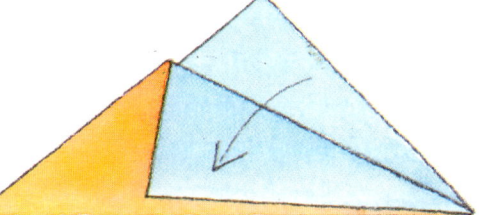

Knicke dann die senkrechte Kante schräg
nach oben.

Wiederhole das Ganze mit der anderen
Seite des Dreiecks.

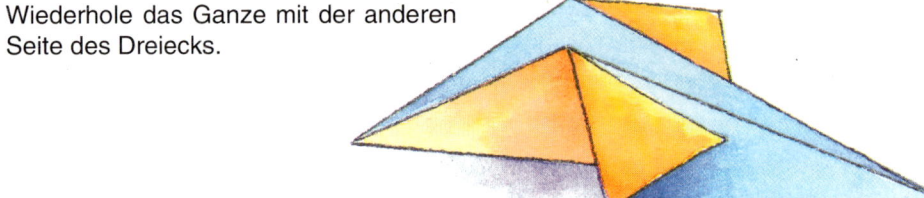

Fertig ist der Drachen. Knüpfe ihm jetzt
noch einen Schwanz, und lege deinen
Drachen an die Leine. Je heftiger der
Wind, desto härteres Papier mußt du für
deinen Drachen verwenden.

83

Neuseeland

Haka Poi, der Balltanz

Koro sitzt auf der kleinen Veranda vor dem Häuschen ihrer Eltern. Sie bastelt an einem Poi. Poi heißt Ball in der Sprache der Maoris. Koros Vater kommt gerade von der Arbeit nach Hause und staunt nicht schlecht: »Was machst du denn da, Koro? Das wird ja ein Poi! So etwas habe ich zuletzt bei meiner Mutter gesehen. Willst du etwa einen Poi-Tanz machen?« Koro nickt. Und Koros Mutter, die hinzugekommen ist, erklärt: »Tutas Kind wird nächste Woche geboren, und da wollen wir einen Haka Poi aufführen.« Koros Vater freut sich sehr darüber. Denn seine Mutter und die anderen Frauen des Dorfes hatten den Haka Poi nur noch für Fremde getanzt, um sich ein wenig Geld damit zu verdienen. Und jetzt soll er endlich wieder für die eigenen Leute aufgeführt werden.

Bald ist Koro mit ihrem Poi fertig und beginnt, mit ihm zu üben. Ihr Poi besteht aus zwei faustgroßen Bällen, die mit einer Schnur verbunden sind. Die beiden Bälle sollen die voneinander getrennten Urgötter des Himmels und der Erde darstellen. Sie sind aus festem Stoff genäht und mit Schilfkolben gefüllt. Koro hat auf die Bälle auch noch ein altes Muster gemalt und sie mit angenähten Haarbüscheln von Tiki, ihrem Hund, verziert. Außer Koro sitzen noch viele andere Mädchen des Dorfes in ihren Vorgärten und üben mit dem Poi. Ab morgen werden sie jeden Tag gemeinsam proben, damit bei der Aufführung alles klappt. Schließlich ist der Haka Poi auch ein geheiligter Tanz, und je weniger Fehler den Tänzerinnen dabei unterlaufen, um so milder soll sich dadurch auch das Schicksal stimmen lassen.

Eine gute Woche später trifft die Nachricht ein, daß Tutas Kind geboren wurde. Koro freut sich ganz besonders darüber, denn Tuta ist ihre älteste Schwester, und Koro wird durch sie zur Tante, und das schon mit zwölf Jahren. Etwa 20 Mädchen aus dem Dorf versammeln sich und ziehen den Strand entlang ins nächste Dorf vor Tutas Haus. Fast das halbe Dorf begleitet sie dabei.

Auf dem Platz vor Tutas Haus stellen sich die Mädchen in einer Reihe auf. Sie tragen lange bunte Röcke, die ein wenig an die alten Federkleider ihrer Vorfahren erinnern. Jedes Mädchen hält ihren Poi-Ball in der rechten Hand. Dann beginnen sie zu singen. Sie singen ein altes Lied ihrer Vorfahren, in dem die Schöpfung gepriesen wird. Dabei wiegen sie sich im Takt. Ihre weiten Röcke schwingen hin und her, und ihre langen schwarzen, mit Blumen geschmückten Haare fliegen mal auf die eine, mal auf die andere Seite. Dazu bewegen sie gemeinsam ihre Poi-Bälle im sanften Rhythmus der Melodie. Zuerst lassen sie sie hin und her schaukeln. Dann schleudern sie den Ball unter ihrem linken Bein hindurch, schlagen ihn mit der linken Hand zurück; werfen ihn gleich darauf nach vorn und holen ihn mit einem Ruck wieder zurück. Dabei fangen sie den einen Ball auf und lassen den anderen an ihrer Hand abprallen. Und schon fassen sie wieder die Mitte der Schnur und schleudern den Ball mit ausholender Bewegung hinter ihrem Rücken in die Luft. Mit der linken Hand fangen sie ihn noch im Aufsteigen auf und wiederholen die Bewegungsfolge nun mit der anderen Hand.

Das Ganze geschieht so gleichmäßig, daß die Zuschauer glauben, eine Wolke von Schmetterlingen flattere über einem Blütenmeer. Ein andermal wieder sieht man Kanus über schäumende Meereswogen gleiten und hört beim Aufeinanderprallen der Bälle das Schlagen der Paddel. So wechseln die Bilder, bis das Lied nach einer guten Weile verklingt.

Die Zuschauer lachen und klatschen begeistert in die Hände, denn die Vorführung der Mädchen verlief fehlerfrei, kein Ball fiel auf den Boden oder stieß mit einem anderen zusammen. Und das ist ein gutes Zeichen für Tutas neugeborene Tochter. Und während die Alten sich vor Tutas Hütte zu einem Mahl versammeln und in langen Gesprächen dieses gute Zeichen ausdeuten, spielen die Mädchen auf dem Dorfplatz.

Die Maoris

Ehe die Weißen Neuseeland entdeckten, lebte dort bereits seit beinahe 1000 Jahren das Volk der Maoris. Die Neuankömmlinge betrachteten das Land als das ihre und lagen bald im Streit mit den Ureinwohnern. Schließlich führten die Maoris einen Krieg gegen die Weißen. 1871 erkannte darauf die weiße Regierung von Neuseeland die Rechte der Ureinwohner an. Die Maoris schlossen Frieden mit den Weißen. Doch die kümmerte es wenig, was in dem Friedensvertrag stand. Sie mißachteten die Maoris weiterhin und raubten ihnen ihr Land. Die Maoris verarmten daraufhin und lebten bis heute überwiegend in Elend und Not. Doch jetzt erinnern sich die Maoris wieder ihrer alten Geschichte und Kultur. Sie wehren sich erneut gegen die Vorherrschaft der Weißen und fordern ihre alten Rechte ein. Und so, wie es aussieht, könnten sie diesmal mehr Glück haben. Jedenfalls begann die Regierung von Neuseeland, ihr Unrecht einzusehen. Mittlerweile hat sie den Maoris eine Entschädigung angeboten.

Spiele der Maoris

Während die Alten vor Tutas Hütte das gute Omen des Poi-Tanzes bereden, spielen die Mädchen ihr eigenes Wahrsagespiel. Dazu schieben sie einen Halm Zittergras in den Stengel eines Baumblattes. So erhalten sie einen Flieger, den sie von einem erhöhten Platz aus starten. Dazu halten sie das Blatt mit dem angesteckten Grashalm in der Waage und lassen es dann mit einem kleinen Schwung fliegen.

Dabei stellen sie insgeheim eine Frage an die Zukunft. Darum beobachten sie den Flug des Blattes auch ganz genau. Fliegt es schön ruhig und weit und landet es sanft, dann wurde ihre Frage gut entschieden. Meist drehen sich die Fragen bei diesem Spiel um die Liebe. Und wenn mal ein Flug nicht so gut war, dann läßt man den grünen Flieger einfach so oft fliegen, bis er irgendwann auch einmal glücklich landet.

Später spielen die Mädchen mit einem selbstgebastelten Reifen, den sie sich aus einer schlanken Weidenrute gemacht haben. Dazu stellen sie sich in zwei Parteien auf. Zwischen beide Gruppen wird eine Linie auf den Boden gezogen. Das Spiel beginnt, indem die eine Gruppe den Reifen anrollt. Er muß über die Linie in die andere Hälfte gelangen. Die Kinder dort versuchen, ohne ihn anzuhalten, ihn wieder zurückzutreiben. Der Reifen darf dabei nur mit der flachen Hand angetrieben werden. Fällt der Reifen im eigenen Spielfeld um, verliert man einen Punkt. Einen Minuspunkt gibt es auch, wenn ein Kind den Reifen stoppt und neu antreibt.

Einen Reifen basteln

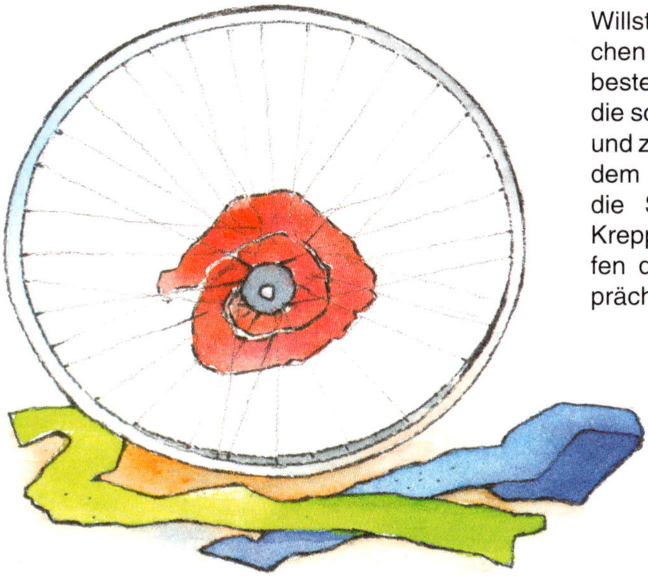

Willst du das Reifenspiel der Maorimäd-chen nachmachen, besorgst du dir am besten eine alte Fahrradfelge. Erstens ist die schön rund und rollt deshalb sehr gut, und zweitens scheppert sie schön laut auf dem Straßenpflaster. Zudem kannst du die Speichen der Felge mit buntem Kreppapier schmücken. Läßt du den Rei-fen dann laufen, sieht er aus wie eine prächtige Scheibe.

Wenn du das Spiel aber mit dem gleichen Reifen wie die Maorimädchen spielen willst, solltest du dir eine lange Weidenru-te suchen. Binde die Rute dann mit einer Schnur zu einem Reifen. Mit solch einem Reifen ist das Spiel freilich auch etwas schwieriger, denn er läuft nicht so rund und ist auch viel schmaler.

88

Israel

Chanukka, das Fest der Tempelweihe

Die Schulglocke läutet. Ben klappt seine Bücher zu, schiebt sie in die Tasche und läuft hinaus auf den Schulhof. Dort wirft er seine Schulmappe in die Luft und juchzt: »Chanukka! Endlich Ferien!«

Seine Freunde sind nicht weniger ausgelassen, denn in zwei Tagen ist Chanukka, ein großes Fest, an dem sie alle beschenkt werden. Auf dem Nachhauseweg erzählen sie sich, was sie sich alles gewünscht haben, und stellen Vermutungen darüber an, ob ihre Wünsche wohl in Erfüllung gehen.

Zwei Tage später kann das Chanukka-Fest beginnen. Ben und Mala, seine kleine Schwester, spielen zusammen im Kinderzimmer. Doch eigentlich warten sie nur darauf, daß ihre Mutter zu ihnen kommt und ihnen sagt, daß sie jetzt ihre feinen Sachen anziehen sollen.

Als es endlich dunkel geworden ist, dürfen sie ins Wohnzimmer. Auf dem Tisch steht die Menora, ein mächtiger achtarmiger Kerzenleuchter, in dessen Mitte eine neunte Kerze steckt. Nachdem alle am Tisch Platz genommen haben, zündet Bens Vater die mittlere Kerze an. Sie ist etwas höher als die anderen Kerzen. Als die Kerze brennt, spricht die ganze Familie ein Gebet. Danach zündet Bens Vater eine weitere Kerze an. Sie steckt ganz rechts außen am Leuchter. An den nächsten Abenden wird er immer eine Kerze mehr an dem Leuchter anzünden, bis alle Kerzen brennen. So lange dauert das Chanukka-Fest: acht Tage.

Nachdem das Lied an diesem Chanukka-Abend verklungen ist, holt Bens Mutter die Geschenke für ihn und Mala. Natürlich ist Bens Geschenk nicht so groß, wie er es sich ausgemalt hat. Aber Ben ist darüber nicht enttäuscht, schließlich werden die Kinder an jedem Abend der Chanukka beschenkt.

Während Ben und Mala mit ihren Geschenken beschäftigt sind, trägt ihre Mutter das Festessen auf. Dabei ist der Festschmaus zu Chanukka nicht so üppig wie an anderen Feiertagen, etwa zu Passah. Das eigentliche Festessen besteht nämlich aus Kartoffelpuffern und Apfelmus. Jedenfalls ist dies in den meisten Familien Brauch. Aber Ben mag diesen

Brauch gerade, und von ihm aus könnte es alle acht Festtage lang Kartoffelpuffer geben.

Als Nachtisch gibt es wie jedes Jahr ein Spiel. Bens Mutter stellt eine große Schale Schokoladentaler, das Chanukka-Geld, auf den Tisch und legt den vierseitigen Chanukka-Kreisel dazu. Auf jeder Seite des Kreisels ist ein Buchstabe des hebräischen Alphabets eingebrannt, und zwar N, H, G und S. Sie stehen für den Satz: »Nes gadol haya shan«, und das bedeutet: »Hier geschah ein großes Wunder.« Doch für das Spiel um die Schokoladentaler haben sie eine andere Bedeutung. Hier steht N für Nichts, H für Hälfte, G für Ganz und S für Schuld.

Das Chanukka-Geld wird als Vermögen verteilt, und das Spiel kann beginnen. Jeder gibt zwei von seinen Talern in die Mitte. Danach dreht einer nach dem anderen den Kreisel. Und je nachdem, welche Seite oben liegt, darf man nichts oder die Hälfte oder den ganzen Pot an sich nehmen. Bei Schuld aber muß man zwei Taler in die Mitte legen. Natürlich darf man nur die Schokoladentaler essen, die man gewonnen hat.

Als Ben und Mala schließlich im Bett liegen und das Licht gelöscht ist, leuchtet der Schein der großen Menora, die zur Chanukka auf dem Dach des Rathauses gegenüber aufgebaut ist, in ihr Zimmer. Nacht für Nacht wird nun dieser Lichtfleck heller werden, bis schließlich alle acht Lampen an der Menora erglühen.

Das Chanukka-Wunder

Das Chanukka-Fest entstand, als Judas der Makkabäer mit seinen Kriegern Jerusalem von den Syrern befreite. Das war 165 Jahre vor Christus. Und da die Syrer den Tempel entweiht hatten, mußte er neu geweiht werden.

Die Juden gingen also auf den Tempelberg, reinigten den Tempel und bauten einen neuen Altar auf. Als sie dann das Weihefest beginnen wollten, stellten sie mit Erschrecken fest, daß die Syrer das ganze heilige Öl verbrannt hatten. So konnten sie die Menora, das heilige Licht, nicht entfachen und den Tempel nicht weihen. Verzweifelt suchten sie überall nach geweihtem Öl. Schließlich fanden sie gerade so viel, um für eine Nacht ein Licht der Menora zu entzünden. Doch für eine richtige Tempelweihe mußte das heilige Licht acht Tage lang brennen. Aber die Gläubigen entzündeten das Licht trotzdem.

Als sie am nächsten Tag in den Tempel kamen, waren sie sehr erstaunt. Das heilige Licht brannte nämlich immer noch. Und es war noch genauso viel Öl in der Lampe wie am Abend zuvor. Da nahmen sie etwas von dem Öl und entzündeten damit die zweite Flamme. Das gleiche Wunder wiederholte sich am nächsten Tag, worauf die Priester die dritte Flamme am Leuchter ansteckten. Und da das Wunder anhielt, kam Tag für Tag eine weitere Flamme hinzu. So brannte das heilige Licht acht Tage lang, und der Tempel war geweiht.

Dieses Wunders gedenken alle Juden zur Wintersonnenwende. Dann ist die längste Nacht im Jahr. Danach aber scheint die Sonne Tag für Tag ein wenig mehr, genauso wie die Lichter an der Menora.

Einen Chanukka-Kreisel basteln

Wenn du das Chanukka-Spiel nachspielen willst, kannst du dir einen Chanukka-Kreisel selber machen. Dazu sägst du aus einer quadratischen Leiste einen Würfel. Diesen Würfel mußt du genau in der Mitte durchbohren, so daß du ein dünnes rundes Stöckchen durchstecken und verleimen kannst. Danach bemalst du den Kreisel in deiner Lieblingsfarbe.

In der Mitte durchbohren

Würfel absägen

Hölzchen durchstecken und verleimen

94

Hast du das gemacht, mußt du noch auf jede Seite einen der hebräischen Buchstaben für N, H, G und S pinseln.
Übrigens soll das Chanukka-Spiel an jene Zeit erinnern, als die jüdischen Kinder zur Chanukka noch Geld bekamen. Das war allerdings kein Taschengeld; die Kinder brachten es ihrem Talmudlehrer, damit sie bei ihm Lesen und Schreiben lernen konnten.

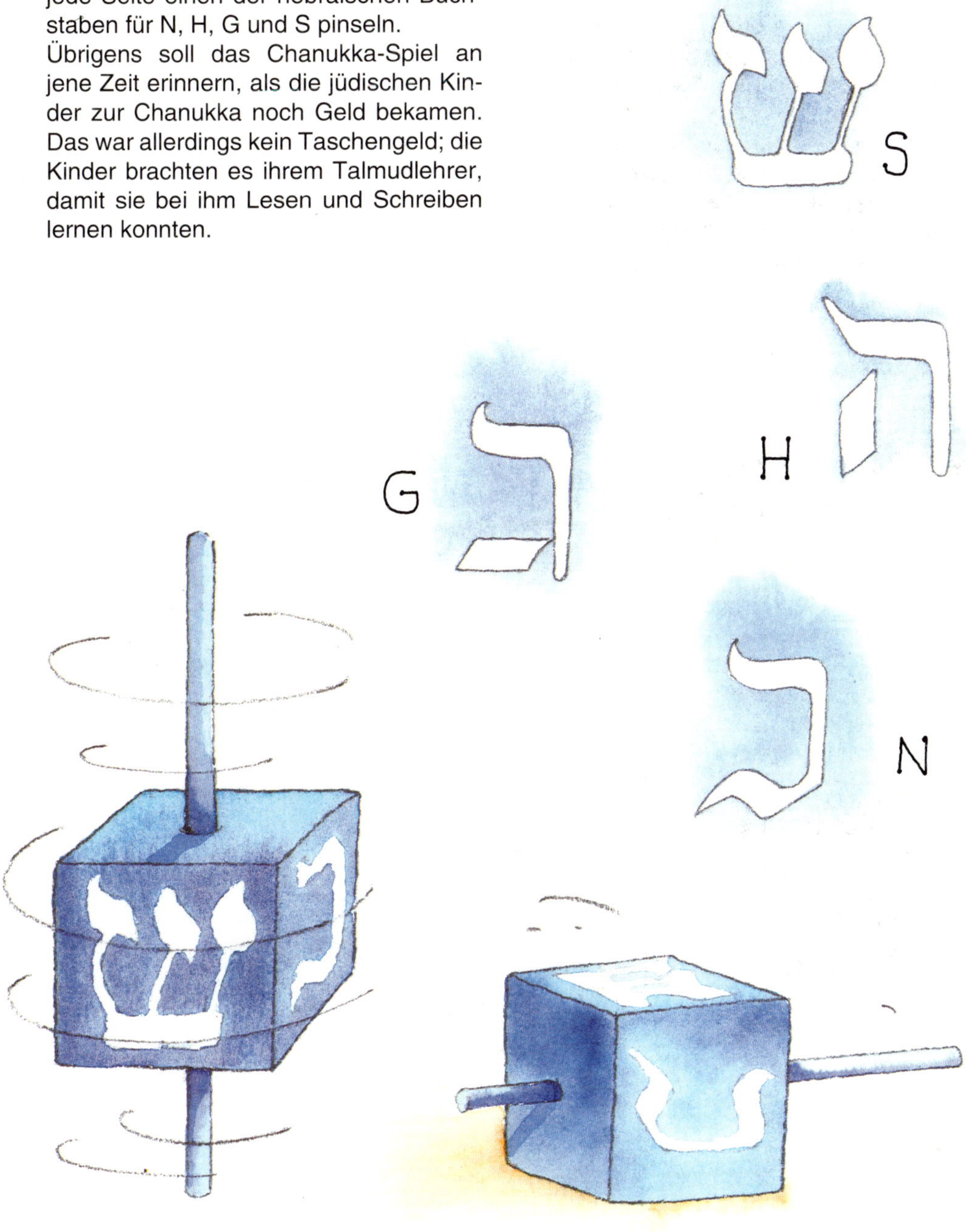

S

H

G

N

95

UNICEF KINDERBÜCHER

Matthias Mala /
Gerti Jaquet
Komm und spiel mit uns!
– Das Unicef-Buch der Kinder-
spiele –

Spielen verbindet: Beim Spielen
kommen sich Kinder näher, gewinnen Freunde und vergessen
den Alltag um sich herum.
Gemeinsam mit der Unicef hat
Matthias Mala die schönsten
Spiele und Spiellieder aus aller
Welt zusammengetragen. Entstanden ist ein abwechslungsrei-
cher Streifzug um den Globus,
ein Buch, das Grenzen abbaut
und für gemeinsamen Spaß
sorgt – beim Spielen und Toben,
beim Singen und Tanzen begeg-
nen sich die Kinder dieser Welt.

88 Seiten. Geb. Durchgehend
vierfarbig illustriert.
Band 4469. Ab 8

Sylvia Schneider /
Birgit Rieger
ISS WAS!?
– Das Unicef-Buch von der
gesunden Ernährung –

Ketschup, Kebab und Körn-
chen haben eine harte Nuß
zu knacken: Sie sollen dem
Geheimnis der gesunden Ernährung auf die Spur kommen.
Ausgerüstet mit der »Mega-
möhre« machen sie sich auf
eine phantastische Reise –
zu den Hambergen, nach Hun-
gerland, zum Hof Frohkost...
Eine packende, kurzweilige
und kindgerechte Einführung
in die gesunde Ernährung.

96 Seiten. Broschiert.
Durchgehend schwarz/weiß
und farbig illustriert.
Band 4452. Ab 8

Manfred Mai / Gerti Jaquet
**Wir sind die Kinder
dieser Welt**
– Geschichten und Informatio-
nen, Spiele und Basteltips –

In diesem Unicef-Buch zum
»Jahr der Familie« hat sich
Manfred Mai auf eine Reise um
die Welt begeben, um zu erfah-
ren, wie die Kinder in anderen
Ländern leben. Dabei hat er
spannende und nachdenklich
stimmende Geschichten, Spiele
und eine Menge Wissenswertes
über die Bräuche und Familien-
feste in aller Welt zusammengetragen.

96 Seiten. Geb. Durchgehend
vierfarbig illustriert.
Band 4488. Ab 8

Arena